CRIADAS SIN AMOR

Kelly McDaniel

Criadas sin amor

Cómo sanar las heridas causadas
por la falta de cuidado materno
para tener una mejor relación
contigo misma y con los demás

Urano

Argentina – Chile – Colombia – España
Estados Unidos – México – Perú – Uruguay

Título original: *Mother Hunger*
Editor original: Hay House, Inc.
Traducción: Jeannine Emery

1.ª edición Febrero 2024

ISBN: 978-84-18714-39-9
E-ISBN: 978-84-19936-24-0
Depósito legal: M-33.350-2023

Fotocomposición: Ediciones Urano, S.A.U.

Impreso por: Rotativas de Estella – Polígono Industrial San Miguel Parcelas E7-E8
31132 Villatuerta (Navarra)

Impreso en España – *Printed in Spain*

ÍNDICE

PRÓLOGO

Mi madre murió cuando yo tenía dieciocho años y cursaba el primer año de una pequeña universidad de artes liberales en Vermont. Diez años después, le escribí una carta, como lo hacía cada año en el aniversario de su muerte. «Querida mamá —le escribí—. Han pasado diez años desde tu muerte». Ya estoy llorando; las lágrimas caen por mis mejillas, cálidas y brillantes.

«Esta carta será diferente de las otras —seguí escribiendo—. Las cosas ya no son iguales. Hizo falta que pasaran estos diez años para que por fin empezara a cuidarme a mí misma. Jamás me di cuenta de lo mucho que me odiaba y del miedo que me tenía. Este último año ha sido terriblemente difícil, pero maravillosamente sanador. Ahora estoy sola. Completamente sola. Se acabó beber alcohol, los chicos, la autodestrucción u ocultarme de todo el dolor. Solo yo, aquí y sola. Y aún te echo tanto de menos. Diez años parecen una eternidad. Ya no soy la chica que una vez fui… la chica que una vez tuvo una madre.

»Pero ya no quiero seguir haciendo esto, seguir obsesionada con tu muerte. No quiero que toda mi vida gire alrededor de ti. Estoy agradecida, increíblemente agradecida, por la persona en la que me he convertido gracias a esta pérdida. Pero ya no quiero que mi vida siga girando en torno a ella.

»No quiero ser terrible conmigo misma nunca más. No quiero esconderme. No quiero sentirme desesperada, sola u odiosa. Quiero avanzar. Quiero quitarme de encima la carga de esta enorme pérdida. Quiero deshacerme de ella como de un abrigo en un día de verano. Estoy cansada de todo ello y ser, simplemente, yo misma. Para serlo, tengo que dejarte ir.

»Y creo que tal vez, solo tal vez, al dejarte ir pueda estar en paz. Nunca he estado en paz, mamá. Estos últimos diez años, he sufrido tanto. Ha sido tan duro. Y ya no quiero sufrir más. Pero mamá, necesito que tú también me dejes ir.

»Con amor, tu única hija, Claire».

Me resulta difícil releer esta carta ahora, casi 25 años después de su muerte. Se me parte el corazón por la versión más joven de mí misma que escribió esta carta. Y se me parte el corazón por mi madre, que nunca habría querido que yo sintiera tanto dolor.

Tres años después de escribir esa carta, di a luz a mi primera hija. Durante aquellos primeros meses tras su nacimiento, me sentaba en su cuarto con ella en brazos y lloraba. A mi suegra le preocupaba que tuviera depresión posparto. Me dijo que no recordaba haber llorado tanto como cuando nacieron sus hijos.

Pero no era depresión posparto. Era darme cuenta de que no había soltado a mi madre, de que nunca lo haría y no tenía por qué hacerlo. Al sostener a mi hija en brazos, supe que la razón por la que echaba tanto de menos a mi madre era por lo mismo que estaba experimentando allí mismo, en el cuarto de mi bebé, con mi propio bebé: aquella relación primigenia entre una madre y su hija; se trata de un amor y un vínculo tan profundos que ninguna mujer podría negar jamás su presencia (o su ausencia).

Hoy soy terapeuta especializada en duelo desde hace más de una década. He acompañado a cientos, quizá miles, de mujeres mientras procesaban la pérdida de su propia madre. Nunca deja de asombrarme la profundidad e intensidad de las emociones que acompañan la ausencia de una madre. Ya sea que una mujer pierda a su madre por la muerte, como me ocurrió a mí, o que la pierda por algún tipo de abandono, es una experiencia de la que tendrá que hacerse cargo durante toda su vida.

Cuando Kelly McDaniel me reveló el título de su libro* supe al instante que este le cambiaría la vida a todo aquel que lo leyera. Si bien se han escrito muchos libros sobre la pérdida, y algunos sobre la pérdida de la madre en particular, ninguno ha abordado jamás de modo tan preciso la experiencia de lo que significa añorar a una madre.

Veo muchas versiones de la pérdida de una madre en mi trabajo como terapeuta. Veo a mujeres que han perdido a sus madres recientemente y a mujeres que las perdieron hace décadas. Veo a mujeres que perdieron a sus madres como consecuencia del cáncer, el suicidio, un asesinato, un accidente o una enfermedad. Y veo a mujeres que aún tienen a sus madres pero que las han perdido por abandono, adicción, fallos de memoria, enfermedad mental y otras disfunciones. Algunas pérdidas son más traumáticas que otras, pero la experiencia de añoranza que conlleva esta pérdida es la misma. La ausencia de una madre que cargan estas mujeres define a cada una de ellas de formas singulares y duraderas: formas que Kelly aborda en este libro con valentía.

Pero, en mi opinión, lo que Kelly consigue de manera más notable es validar la experiencia de la pérdida de una madre. La frase que más escucho decir a mis pacientes es «No puedo creer que todavía esté lidiando con esto». Pero, como muestra Kelly, la experiencia de añorar a una madre afecta a las mujeres a niveles tan profundos que no solo se prolonga a lo largo de la vida de una mujer, sino que incluso puede transmitirse de generación en generación. El hecho de que este libro no solo valide este impacto, sino que nos brinde soluciones y caminos para superarlo, tendrá repercusiones durante muchos años.

Tardé mucho tiempo en perdonarme a mí misma por haber quedado tan afectada por la muerte de mi madre, pero para muchas mujeres, escapar del dolor por la pérdida de una madre es algo difícil

---

* *N. del T.*: El título del libro original en inglés es *Mother Hunger*, cuya traducción literal sería: «hambre de madre», y que se ha interpretado como «Criadas sin amor».

de lograr y que solo se consigue tras mucho esfuerzo. El libro de Kelly cambiará eso para siempre. Saber que ahora está circulando por el mundo y que podrá ser leído por esas aquellas mujeres que tanto lo necesitan alivia mi corazón y me da esperanzas de que sanar es posible.

Si hoy tuviera que escribir otra carta a mi madre, le diría que todos esos años atrás no la dejé ir, que nunca dejaré de amarla y que, sin embargo, he encontrado formas de estar en paz conmigo misma. Espero que lo mismo les suceda a todas aquellas mujeres que lean este libro.

CLAIRE BIDWELL SMITH,
autora de *Anxiety: The Missing Stage of Grief*
(Ansiedad: la etapa perdida del duelo)

INTRODUCCIÓN

En su hermosa autobiografía, *Our Lady of Perpetual Hunger* (Nuestra señora del hambre perpetua), Lisa Donovan escribe:

> Las mujeres de mi familia llevamos muy adentro el dolor de los demás. Es como un órgano más, una recámara rota de nuestros corazones que ninguna de nosotras sabe cómo hacer que funcione, que bloquea las cosas normales que hacen los corazones de otras personas. [1]

Donovan capta el sufrimiento, la «recámara rota», que algunas hijas heredan de sus madres. Mientras escribía el libro que ahora tienen en sus manos, las palabras de Donovan fueron una medicina para mi alma, un reconocimiento del legado del sufrimiento ancestral. Es un tema del que es difícil hablar, escribir e incluso tomar conciencia.

A lo largo de dos años, estuve a punto de dejar de escribir este manuscrito, en parte porque suelo recordar lo mucho que la mayoría de la gente no quiere saber sobre este tema, pero, sobre todo, porque sencillamente es un tema difícil. Me preguntaba a diario *¿Por qué hacer esto?* Seguí adelante por un motivo: este es el libro que me gustaría haber tenido cuando era joven.

Nacida en el seno de un dinámico linaje de mujeres que criaron a sus hijos lo mejor que pudieron, provengo, como muchas de vosotras, de un entorno doloroso. Aunque me beneficia tener piel blanca, una educación sólida y otras ventajas, ni siquiera una vida de privilegios puede proteger a alguien de la falta de amor materno.

Mi bisabuela materna abandonó a mi abuela cuando esta era pequeña. Se llevó a su otra hija y abandonó la ciudad para vivir con otro hombre, que terminó siendo uno de los cinco con los que se casaría y se divorciaría. La niña que abandonó se convirtió en mi abuela.

Yo quería a mi abuela con locura. Solo la visitábamos una vez al año, pero aquellos momentos compartidos eran mágicos para mí. Mi madre en cambio no la quería mucho. Sin duda, el legado de abandono había dejado a mi abuela ávida de algo que mi madre no podía proveerle en absoluto. Ser su hija debió ser una carga. No conozco los detalles, porque mi madre tiene muy pocos recuerdos de su infancia y no le gusta hablar de ello.

No comprendí plenamente lo que significaba la falta de amor materno hasta bien avanzado mi propio camino como madre y mi carrera profesional. Pero, incluso desde muy pequeña, sabía que algo estaba mal con mi familia. En retrospectiva y con una perspectiva clínica, no creo que disponer de más información me hubiera ayudado mientras estaba al cuidado de mi madre; estaba demasiado ocupada intentando ser una buena hija. Estaba ocupada sobreviviendo. Afortunadamente, cuando tenía veintipocos años, me topé con unos cursos sobre estudios de la mujer en los que encontré una orientación reveladora y pertinente que me dio los elementos para identificar las consecuencias de la ausencia de una madre. Avancemos rápidamente veinte años hasta la publicación de mi primer libro *Ready to Heal* (Preparada para sanar), en el que menciono por primera vez esta idea de «necesidad de amor materno» (*mother hunger* en inglés) como el origen de nuestro tipo de apego. Desde entonces, he estado ayudando a las mujeres a comprender y sanar el dolor que surge de un apego infantil deficiente. Este libro es una recopilación de todo el conocimiento adquirido en mis últimas tres décadas de investigación, práctica y aprendizaje. Es una carta que te escribo a ti, de una hija a otra, sobre el legado de vivir con un sufrimiento que es en parte biológico, en parte psicológico, en parte cultural y en parte espiritual.

A pesar de la diversidad de historias, lo que he descubierto es que cada mujer que sufre la ausencia de su madre desea lo mismo: una cierta calidad de amor, es decir, un amor que ofrezca cuidado, seguridad y estímulo, la clase de amor que identificamos como amor maternal. Es el amor que necesitamos para iniciar la vida con confianza. Se trata de un amor incondicional que ninguna relación romántica, amistad o pastel de cumpleaños puede sustituir.

Muchos creen que los progenitores varones también pueden ofrecer este amor singular. Si bien es evidente que las hijas criadas por padres atentos que ofrecen cuidado emocional tienen muchas ventajas, la realidad es que los padres no pueden reemplazar a las madres. Hablar del concepto de la falta de cuidado materno no significa rebajar la importancia de los padres o de otros cuidadores, tampoco significa culpar a las madres por lo que no pudieron dar, sino que es un marco para ayudarte a identificar los elementos esenciales del cuidado materno de modo que puedas reconocer lo que no tuviste y reclamar lo que necesitas.

En este libro exploraremos las causas de esta falta de amor materno y qué hacer al respecto. A medida que leas estas páginas y hagas tus descubrimientos, el poder sanador del reconocimiento no será siempre agradable, pero renovará tus esperanzas y tu energía. Ten la seguridad de que podrás hacer este proceso sin la presencia física de tu madre o la necesidad de que reconozca tu dolor.

Y no significa que quieras ser madre o que necesites estar cerca de la tuya, esto se puede dar tanto si te crio tu propia madre, una madre adoptiva, una madre de acogida, un padre, dos madres, dos padres, una madre soltera o múltiples cuidadores. La «necesidad de madre» no tiene tanto que ver con quién te crio como con las carencias afectivas durante tus años de formación. Esa «necesidad de madre» le pone nombre al anhelo con el que vives: el anhelo de una cierta calidad de amor.

Los siguientes capítulos están organizados para acompañarte y sostenerte cuidadosamente. En el primer capítulo, definimos la «falta de amor materno» para que encuentres alivio. El resto del libro detallará los tres elementos básicos del amor maternal, empezando por el elemento maternal del cuidado físico y emocional, por lo que aprenderemos de los animales, hablaremos del apego y examinaremos detenidamente la complicada relación con la comida y el sexo, que son consecuencias de la ausencia de una madre.

A partir de ahí, pasaremos al segundo elemento maternal básico: la protección. Hacer un repaso de las turbulentas fuerzas culturales que dañan a las mujeres nos hará comprender por qué tantas de entre nosotras tenemos síntomas de «falta de amor materno». Hablaremos, por ejemplo, del caso real de «Dirty John» que ilustra la tragedia que sucede cuando una madre no puede proteger a su hija, y muestra cómo el miedo se entrelaza en la trama del ser femenino.

A continuación, exploraremos el tercer elemento maternal básico: la orientación y cómo una madre inspira a su hija. Hacia el final del libro, hablaremos de lo que puede suceder cuando la falta de amor materno llega a la crueldad, cómo esto puede afectarnos, como sucedió en el caso Judy Garland o Édith Piaf. Por último, examinaremos el dolor provocado por la ausencia del cuidado materno.

La falta de amor materno se presenta en diferentes formas; algunas son más graves que otras, por lo que para cada persona la forma de sanar es diferente. Algunas de vosotras ya no tenéis una madre viva, así que vuestro camino será diferente de las que sí la tienen. Tanto si tu madre está viva como si no lo está, la sanación consiste en sustituir lo que se perdió durante tus primeros años. No todas las ideas de este libro encajarán en tu experiencia como hija. Pero, en algún lugar de estos capítulos, encontrarás las palabras adecuadas para el dolor que te atormenta. Cuando suceda, una nueva claridad dirigirá tu proceso innato de sanación.

Aunque tu camino de recuperación es irrepetible, hay algunas señales comunes que indican que estás sanando y que puedes anticipar: mayor seguridad emocional, más facilidad para tomar decisiones, menos ansiedad y una mayor comprensión de tu estilo de apego. Encontrarás compasión por las decisiones que has tomado (incluso por las que más lamentas) y te resultará más fácil elegir amigos y parejas que sean amables y respetuosos. Si tienes hijos, también te resultará más fácil amarlos.

Esta sensación de carencia de amor materno no es infrecuente. Pero no será hasta que lo pongamos en palabras que podremos escapar del secreto y la vergüenza que nos produce. Darse permiso para aprender y hablar sobre esta herida relacional es urgente. Se trata de un paso valiente para reclamar el amor que necesitas.

Si eres madre, puede que te sientas tentada a leer este libro como un manual de maternidad o para volver sobre cosas de las que te arrepientes. Intenta no hacerlo. Por favor, lee este libro como una hija. Este libro te ayudará a reconocer lo que perdiste durante tu desarrollo para que así puedas recuperar esa parte sensible que fue sacrificada para ganarte el amor de tu madre o sobrevivir a su ausencia. A medida que reconstruyas la historia como hija de tu madre, encontrarás nuevos recursos para el cuidado emocional y físico, la protección y la orientación que no tuviste. Enfrentarte a la angustia que gobierna tu vida abre oportunidades para la alegría y la conexión.

En las páginas que siguen, a medida que te vuelvas más consciente de ello, mi apoyo incondicional te acompañará.

1

PONERLE NOMBRE
A LA «FALTA DE AMOR
MATERNO»

Si hubiera que describir el puesto de madre, podría ser algo así:

La candidata ideal debe ser una persona con iniciativa, capaz
de reconfortar a un ser humano recién nacido vulnerable y
de vincularse sosteniéndolo, alimentándolo y respondiendo
a señales no verbales. Entre las responsabilidades se encuentran la de proteger a este ser humano de amenazas externas
y la de involucrarse activamente en su desarrollo académico,
espiritual y social. La candidata debe contar con ternura y
fortaleza a partes iguales, mantener la calma bajo presión y
poner límites sanos. Se trata de un trabajo no remunerado.

¿Por qué alguien se apuntaría a este trabajo? Es exigente, a menudo ingrato y el sueldo es terrible. El trabajo de una madre es
asombroso. El aislamiento, el estrés económico y la discriminación
de género agravan las abrumadoras responsabilidades que conlleva
cuidar y proteger a un recién nacido y guiar a un niño o a una niña

a través de las complejas etapas del desarrollo humano. Asimismo, la maternidad y el acto de maternar están excesivamente romantizados (o dramatizados), lo que hace que sea tabú describir la realidad como algo menos que una experiencia sublime (o una carga horrenda); ambos extremos eliminan lo compleja que es realmente la maternidad. Hay algo que funciona muy mal en nuestra mentalidad colectiva cuando una mujer se siente inferior por elegir maternar en lugar de otro tipo de trabajo o se la juzga por postergar sus aspiraciones profesionales.

El amor maternal es nuestra primera experiencia de lo que es el amor, y el cuidado maternal que recibimos determina cómo nos sentimos con nosotros mismos a lo largo de la vida. Maternar es la tarea humana más importante que existe. Y, sin embargo, cuando intentamos definir lo que significa ser una buena madre, es difícil encontrar las palabras adecuadas. No tenemos una definición exacta y universal de lo que significa ser *madre* o *maternar*.

Se suele entender «maternar» como el proceso de cuidar a los hijos como su madre o de cuidar a las personas como lo hace una madre. «Maternar» incluye traer al mundo desde el vientre materno y dar a luz. Estas definiciones no nos dan nada concreto; implican que maternar es algo sencillo e innato de las mujeres.

Para ayudar a las mujeres a superar la falta de cuidado materno, necesitaba una definición práctica de lo que significa maternar. Me he pasado años escuchando a mujeres adultas desoladas y explorando a fondo la teoría del apego para crear un marco que pueda guiar el proceso de tratamiento. Lo que he descubierto es que maternar requiere tres elementos esenciales: el cuidado emocional y físico, la protección y la orientación. Las dos primeras, el cuidado y la protección, son las necesidades más primitivas que los pequeños reciben de sus madres. La orientación, el tercer elemento, viene después. Si se nos priva de una o más de estas necesidades de desarrollo, a medida que maduramos, empezamos a sufrir los síntomas de un apego inseguro. Por ejemplo, sin el cuidado temprano de una madre, crecemos hambrientos de contacto y sin sentido de pertenencia. Sin la protección temprana de la madre, estamos constantemente ansiosas y asustadas. Sin la orientación maternal, carecemos de una brújula interna que dirija nuestras decisiones. Estos son los síntomas producidos por la ausencia de una figura materna.

Puede que este concepto parezca otra excusa más para culpar a las madres de nuestros problemas, pero no lo es. De hecho, es todo lo contrario. Cuando comprendemos que las madres nos quieren de la mejor manera que pueden y de la única que saben, la culpa no tiene cabida. Una madre solo puede darle a su hijo lo que tiene.

Experimentar la «falta de amor materno» surge de la herencia intergeneracional de crecer en una cultura que prefiere a los hombres, los rasgos masculinos y la independencia mientras desvaloriza a las mujeres, los rasgos femeninos y la interdependencia. Si podemos dejar de culpar a las madres o la tendencia a hacer grandes generalizaciones sobre las mujeres que hacen malabarismos con sus exigencias profesionales para estar presentes en sus familias, nuestra idea colectiva de lo que significa crecer sin el cuidado materno podría suponer un gran esfuerzo para ayudar a las mujeres a prepararse para la maternidad. Después de todo, todos se benefician de los cuidados, la protección y la orientación de una madre.

Necesitamos a nuestras madres

Si alguna vez te has sentido demasiado necesitado o dependiente, esta sección puede ayudarte a entender por qué. Necesitamos a nuestras madres. Nuestros cuerpos y cerebros están biológicamente programados con esta necesidad. Si no hemos sido suficientemente maternados, el deseo de amor permanece con nosotros. Por *madre* me refiero principalmente a la madre biológica, pero *maternar* también es un verbo, y un adulto con el deseo, la capacidad y la voluntad de brindar cuidado emocional y físico, protección y orientación a un niño puede maternar. Sin embargo, comprendo y estoy de acuerdo con la observación de Erica Komisar en *Being There* (Estar allí): «Negar la función física y emocional tan específica y especial de una madre para con su hijo, sobre todo cuando intentamos ser modernos, no redunda en beneficio de los niños ni de sus necesidades».[1] Al igual que Komisar, mi práctica me permite ver, desde una posición privilegiada, lo que sucede cuando esta importante relación se ve comprometida.

Maternar es una ocupación que lo consume todo porque los pequeños vienen con un fuerte instinto de supervivencia. Desde el comienzo mismo de la vida, los instintos obligan a los recién nacidos a permanecer cerca de su madre biológica, pues su voz, su olor y su cuerpo les son familiares: la madre es su *hogar*. Al igual que los adultos, que quieren tener una pareja estable o un mejor amigo, durante los primeros meses los bebés se desarrollan en una relación familiar y tranquilizadora. Se trata de algo biológico.

Cuando la madre biológica no puede estar disponible, una persona que no sea la madre biológica puede ser la cuidadora principal. Sin embargo, a veces, como en el caso de una urgencia médica, la muerte materna o la adopción, la separación inicial del cuerpo de la madre biológica puede volver más difícil vincularse con un cuidador sustituto. Según la doctora Marcy Axness, experta en adopciones, «la naturaleza es un supervisor riguroso: ni las mejores intenciones ni las justificaciones más nobles pueden reescribir sus leyes neurofisiológicas».[2] Axness investiga y escribe, principalmente, sobre la adopción y los adoptados, y trabaja para resolver el «enigma de las ciencias sociales» que explica por qué los adoptados tienen más problemas de salud mental que los no adoptados. Cita al doctor Gabor Maté, que afirma que los adultos que fueron adoptados de niños «albergan un poderoso sentimiento de rechazo que dura toda la vida».[3] El trabajo de Maté y Axness nos enseña mucho sobre nuestros primeros procesos vitales y sobre los riesgos que podemos correr separándonos de nuestra madre. Me encantan las observaciones de Axness:

«Todos los participantes en la adopción pueden experimentar grandes bendiciones, pero no debemos olvidar nunca que, la mayoría de las veces, esas bendiciones nacen de una pérdida: la pérdida para los padres biológicos de un hijo que no van a criar; la pérdida del hijo biológico soñado que los padres adoptivos no van a tener; y la pérdida para el hijo adoptado de sus conexiones biológicas, genealógicas y, posiblemente, culturales… El abordaje compasivo del trauma de la separación, la pérdida y el dolor que sufre un recién nacido en cualquier circunstancia (adopción, maternidad subrogada, cuidados en la Unidad de Cuidados Intensivos Neonatales) no debería demorarse ni un instante. Puede y debe comenzar de inmediato».[4]

Un bebé que ha perdido de modo repentino a su madre biológica requiere mayor cuidado y el reconocimiento de la angustia de separación. Cuando esto no sucede, la ruptura prematura puede causar sufrimiento de por vida. Si esta es parte de tu historia, espero que te reconforte saber que la separación prematura de la madre es una adversidad.

Falta de cuidado maternal

Cuando hablamos de «falta de amor materno» hablamos de lo que se siente al ser criado sin ser maternado en relación con la validación emocional y la seguridad relacional. Esta carencia se siente como un vacío en el alma; es difícil de describir porque puede aparecer durante la primera infancia o antes de la aparición del lenguaje y formar parte de cómo te sientes siempre. Refleja también un anhelo imperioso e insaciable de amor, el tipo de amor con el que soñamos pero que no podemos encontrar. Muchos de nosotros confundimos esto con un deseo de amor romántico. Pero, en realidad, lo que deseamos es el amor que no hemos recibido durante nuestros años de formación.

Los elementos esenciales del cuidado materno proporcionan el entorno necesario para un cerebro fuerte y sano que está preparado para establecer vínculos afectivos y para aprender. Los bebés necesitan estar cerca de un ser humano confiable y sensible para que el cerebro desarrolle las áreas sociales que son imprescindibles a la hora de establecer vínculos con otras personas. Nuestro primer amor, el amor de una madre, nos enseña cómo experimentaremos el amor en el futuro. «Hoy en día, cuando los padres están más involucrados que nunca en la crianza de sus hijos, la idea del papel único e insustituible de la madre puede parecer anticuada. Y, sin embargo, hay pruebas significativas de que la biología influye en las diferentes formas de brindar cuidado emocional y físico que tienen hombres y mujeres. Las investigaciones más recientes han demostrado que la presencia singular de una madre es fundamental para el desarrollo emocional y la salud mental de sus hijos en sus primeros años de vida».[5]

Necesidad de apego

Si estás leyendo este libro, es probable que a veces te sientas desquiciada, avergonzada o quebrada, pero no lo estás. Sentir la «falta de amor materno» se malinterpreta profundamente, y las personas que no la padecen, simplemente, no pueden entender lo que significa. Esto, por supuesto, hace que nos sintamos solas con todas nuestras emociones y comportamientos confusos.

En 2008, utilicé el lenguaje clínico vigente para describir la «falta de amor materno» como un *trastorno de apego*. Me arrepiento de esta terminología, porque no es un trastorno, sino una lesión: un desengaño amoroso, ocasionado por la carencia de cuidado emocional y físico, protección u orientación maternales en el desarrollo temprano. La lesión describe acertadamente este concepto, porque vivir con ella duele todo el tiempo. Es como la pena, una pena complicada que surge de llevar una carga invisible y no reconocida, toda tú sola.

Cuando eras una niña, si te faltaban elementos esenciales del cuidado y la protección maternal, no dejabas de querer a tu madre; simplemente, no aprendías a quererte a ti misma. Esta es la esencia del concepto de «falta de amor materno», el cual es un desengaño amoroso que afecta a todo tu mundo, especialmente a tus relaciones con los demás y contigo misma. En este libro, explicaré este concepto desde muchas perspectivas —biológica, emocional y psicológica— para que dejes de estar confundida, o de sentirte loca o sola.

En el lenguaje de la teoría del apego, la falta de una figura materna es una forma nueva de hablar del apego inseguro. El apego inseguro es una etiqueta molesta, porque implica que algo va mal en ti y en cómo te relacionas con los demás. Nadie quiere que lo llamen inseguro. Pero el apego inseguro no es una debilidad de carácter, sino que es un término, creado con fines de investigación, que define tu estilo de apego. Tu forma de vincularte con otros es el resultado directo del tipo de cuidado y protección que te brindaron de niña. Al menos el 50% de la población tiene un estilo de apego inseguro[6] (lo analizaremos más detenidamente en el próximo capítulo), de modo que, si tus primeros años te dejaron una experiencia indeseable o poco confiable de relaciones, estás leyendo el libro correcto.

Aunque muchos adultos tienen este tipo de carencia, en cada uno de nosotros se manifiesta de modo diferente. Dependiendo del elemento maternal que faltó, durante cuánto tiempo y en qué medida, tu carencia puede ser leve o intensa.

Este concepto se origina en hechos que pueden suceder antes de que se forme el lenguaje, cuando el cuidado de una madre representa todo tu mundo. Para hacerte una idea de ello, piensa en tu madre biológica como tu primer hogar: su cuerpo, su abrazo y sus emociones fueron tu primer entorno, inseparable de tu cuerpo y tus emociones de recién nacida. Para un bebé, el cuerpo de una madre es el hábitat natural que regula la respiración, la temperatura corporal, los ritmos de sueño y la frecuencia cardíaca. El designio de la naturaleza es que ella permanezca cerca para que tu desarrollo marche sin problemas.

Cuando un bebé recibe la alerta de una necesidad a través del hambre, el dolor o la separación, la naturaleza ha dispuesto que el contacto suave y los sonidos de su madre satisfagan esa necesidad. Con el tiempo, y gracias a la receptividad materna, las interacciones positivas refuerzan los sistemas de recompensa evolutivos que nos ayudan a confiar en los demás y a controlar el estrés. De este modo, las interacciones diarias y el consuelo nocturno entre la madre y su bebé «son el pegamento neurobiológico de toda futura relación sana».[7]

Si, por alguna razón, tu madre no estaba preparada para ser madre, o si, como muchas otras, desconocía los conceptos que vamos a tratar aquí, la ciencia plantea que puedes ser portadora de la ambivalencia, el miedo o la ira que sentía ella. Su capacidad de respuesta frente a tus necesidades o su presencia física pueden haber sido inadecuadas. Aunque tú no tengas recuerdos claros de sus primeros cuidados, tu cuerpo sí los tiene. Cuando faltaron elementos esenciales del cuidado materno, el resultado es una herida de apego que se convierte en la base del pensamiento y los sentimientos futuros.

Memoria implícita

Tu cuerpo conoce la historia de cómo era el primer amor. Por este motivo, gran parte de este libro se centrará en los dos primeros años de vida, antes de que la memoria sea explícita y exista cognición, cuando «pensar» no es pensar en absoluto, sino sentir. El «pensamiento» de los bebés y los niños pequeños es una experiencia emocional que se origina en el cuerpo y se configura con el entorno inicial.[8]

Dado que el cerebro racional o neocorteza se desarrolla después de los tres años (cuando los niños empiezan a preguntar «¿Por qué?»), antes de esa edad no existe la lógica para un bebé.[9] En otras palabras, los sentimientos son hechos. Si el bebé tiene miedo o hambre y un adulto sensible responde a sus señales, todo va bien. Si no hay nadie, todo va mal. Separarse de una persona conocida que está encargándose de él significa peligro.

Las emociones se almacenan en el cuerpo y crean una realidad determinada o un sistema de creencias: el mundo es seguro y yo también estoy a salvo o el mundo es atemorizante y estoy completamente solo. Sensaciones como estas se guardan y terminan convirtiéndose en recuerdos implícitos. A diferencia de la memoria explícita, que es consciente y tiene lenguaje, la memoria implícita es inconsciente y no se verbaliza. Los recuerdos implícitos residen en lo más profundo de las estructuras límbicas del cerebro y susurran silenciosamente mensajes de seguridad o peligro al resto del cuerpo. Las experiencias tempranas afectan al sistema nervioso central que se encuentra en desarrollo a través de los sentimientos y las sensaciones corporales. De este modo, recordar elementos de los primeros años es más una sensación que una percepción consciente.

Los sentimientos crean una memoria implícita a partir de momentos preverbales y precognitivos con y sin nuestra madre. Las experiencias emocionales tempranas se arraigan literalmente en la arquitectura de nuestro cerebro.[10] Cuando el sistema nervioso vulnerable de un bebé percibe que las cosas no son seguras, como ocurre con separaciones maternas tempranas o cuidados poco afectuosos, la naturaleza provoca una respuesta de miedo. El miedo libera cortisol y adrenalina, que pueden ser tóxicos para las regiones cerebrales en desarrollo. Cuando el miedo no se calma y sucede de manera regular, un bebé almacena las sensaciones de temor en sus células y desarrolla un cuerpo y un cerebro preparados para el peligro: ávidos de amor, pero recelosos de las conexiones humanas.

Entender la memoria implícita nos sirve también para explicar por qué a veces no tenemos idea de por qué nos comportamos como lo hacemos. No podemos ver la desolación que habita en nuestro cuerpo. Los recuerdos tempranos están disociados de la conciencia, pero dirigen nuestro ánimo y nuestra salud a lo largo de la vida. [11] El doctor Daniel J. Siegel se refiere a la importancia de integrar la memoria implícita y la explícita, para poder entender de qué manera nos afecta el pasado. Eso es precisamente lo que estás haciendo ahora al reconocer la falta de cuidado materno durante tu vida para aprender cómo superarla.

Conexión humana

El primer entorno que experimentamos todos y cada uno de nosotros es nuestra madre biológica. En el útero, sus emociones y su alimentación nos enseñan el mundo al que vamos a entrar y cómo vivir en él. Nuestro sentido de pertenencia empieza aquí. La conexión humana (nuestra capacidad de establecer vínculos con los demás y de confiar en ellos) se desarrolla primero en el útero y sigue creciendo dentro de una sólida relación primigenia que nos prepara para establecer vínculos sociales con los demás.

Sabemos que el mayor indicador de la salud y la felicidad humanas no es la riqueza o el estatus, sino la cantidad de relaciones afectivas que tenemos. La base del bienestar psicobiológico a lo largo de la vida se establece durante los primeros mil días de nuestras vidas. El doctor Allan Schore, líder mundial en teoría del apego, subraya la importancia de los primeros mil días, que abarcan desde la concepción hasta los dos años. Llama a estos primeros días «el origen de la formación temprana del yo implícito subjetivo». [12]

La neurociencia nos informa que el cerebro no diferencia el dolor emocional del dolor físico. El cuerpo no distingue un hueso roto de un corazón roto. Un bebé que tiene hambre o que está solo siente dolor. Cuando no hay una persona a cargo que esté cerca para brindarle alivio, el dolor se intensifica. Su cerebro no puede informar a su cuerpo por qué sufre. Si el cuidado materno se ve comprometido durante los tres primeros años, esta falta de cuidado emocional y físico resulta desgarrador para el bebé.

La ciencia es irrefutable: los niños necesitan que sus primeros cuidadores les brinden cuidado emocional y físico, protección y orientación para poder desarrollar los procesos cerebrales que se necesitan para una vida óptima. Los Centros para el Control y la Prevención de Enfermedades (CDC por sus siglas en inglés) reconocen que las «relaciones seguras, estables y afectuosas» (SSNR por sus siglas en inglés) son fundamentales para promover el desarrollo social y emocional saludable de los niños. En el contexto de las SSNR, los adultos pueden amortiguar las respuestas de lucha o huida de los niños ante los factores estresantes. Asimismo, estas relaciones contribuyen a que los niños optimicen un desarrollo personal positivo y fomentan sus habilidades sociales. Los CDC definen la seguridad, la estabilidad y el cuidado de la siguiente manera:

- **Seguridad:** El grado en que un niño vive sin miedo y a salvo de daños físicos o psicológicos en su entorno social y físico.
- **Estabilidad:** El grado de previsibilidad y coherencia en el entorno social, emocional y físico de un niño.
- **Cuidado:** La medida en que las necesidades físicas, emocionales y de desarrollo del niño se satisfacen de forma sensible y sistemática.[13]

Nota: Si bien abogan por los niños, los CDC también hacen hincapié en que los adultos necesitan relaciones seguras, estables y afectuosas con otros adultos, lo que suele denominarse «apoyo social» o «capital social», para poder mantener relaciones afectuosas con sus hijos. El Centro para Estrategias del Cuidado de la Salud (Center for Health Care Strategies) explica que «un resultado fundamental de las relaciones seguras, estables y afectuosas es el apego seguro»[14].

No podemos pretender que los bebés y los niños no tengan estas necesidades simplemente porque nos resulte incómodo satisfacerlas. El costo de ignorarlas es demasiado grande. Como señala Erica Komisar: «queremos erradicar los problemas de salud mental, como la depresión, la ansiedad y la violencia en niños y jóvenes, pero no queremos profundizar demasiado en la raíz del problema».[15] Si lo examinamos con demasiado detenimiento, tendremos que hacer grandes cambios para remediar los problemas sistémicos de las bajas por paternidad o maternidad y las fuerzas misóginas de la vida que cosifican y desempoderan a las mujeres. Analizaremos el patriarcado más detenidamente en el capítulo 6: Protección.

Pertenecer es sobrevivir

Se supone que el nacimiento no debe ser como abandonar el hogar. Los bebés están equipados para permanecer físicamente cerca de sus madres biológicas, su entorno más conocido. Las madres son refugio y alimento. En los primeros seis a nueve meses de vida, los bebés no pueden distinguir entre ellos y sus madres.[16] Este es el plan de la naturaleza para garantizar la supervivencia de los recién nacidos. Los cerebros y los cuerpos de los bebés se desarrollan estando en estrecho contacto con la madre, lo que significa llevarlos en brazos, sostenerlos y nutrirlos. Los bebés simplemente no están preparados para pasar largas horas lejos de su cuidador principal; los sistemas inmaduros en desarrollo, como la respiración, la frecuencia cardíaca, la temperatura y la seguridad emocional dependen del contacto y la proximidad humanos.

«Quiero a mi mamá» es la súplica universalmente reconocida de un niño pequeño angustiado. La hemos oído alguna vez. Tal vez la hayamos sentido; la súplica resuena en lo más profundo de nuestros corazones. ¿Qué ocurre cuando el llanto no encuentra respuesta? ¿O recibe solo respuestas irritadas e impacientes?

¿Dejamos por ello de necesitar a nuestra madre? En absoluto. Con el tiempo, sin el consuelo materno, lo que sí aprendemos es a sepultar la necesidad. Pero la necesidad no desaparece. La necesidad insatisfecha de cuidado emocional y físico y protección maternas supura como una infección inflamada. El cuerpo guarda el recuerdo del dolor emocional y, con los años, puede generar angustia e inseguridad crónicas. Cuando la angustia es la norma, se vuelve tóxica. El estrés tóxico crea, por su parte, inflamación fisiológica y debilita el sistema inmunitario. De este modo, la falta de cuidado emocional y físico y protección temprana es una forma de adversidad y crea una herida de apego. El niño asustado o solitario que llevamos dentro nos acompaña hasta la edad adulta, causando estragos en nuestro cuerpo, nuestras relaciones y nuestras carreras profesionales. [17]

«Nadie te ama como tu madre»

La verdad es que nunca superamos la necesidad de tener una madre que nos consuele, celebre nuestros logros o nos prepare una sopa. Citando a la escritora Adrienne Rich: «En la mayoría de nosotras había, y todavía hay, una niña que sigue anhelando el cuidado, la ternura y la aprobación de una mujer». [18] Para las hijas, el amor materno sano siempre hace bien. Las madres y las hijas que mantienen un vínculo afectuoso durante toda su vida son más sanas y felices que las que pierden esta conexión.

Las madres que proporcionan el cuidado, la protección y la orientación adecuadas crean hijas con un apego seguro que atraviesan adecuadamente los retos de la vida, sin sufrimiento innecesario. Pero el mito de que todas las madres aman a sus hijas hace desaparecer la verdad que muchas mujeres conocen: el amor materno no era agradable. La fantasía del amor materno no se concretó. El mito crea confusión en muchas hijas que nunca conocieron este tipo de cariño.

El anhelo de amor materno puede provenir de madres bienintencionadas que no pudieron estar presentes o de madres que *estuvieron* presentes y *quisieron* amar, pero no tenían programada en su propia psique la infraestructura adecuada para el apego. Sufrir de falta de amor materno no está vinculado ni a nuestro origen ni a una clase social, porque las necesidades de un bebé son universales. El tipo de cuidado que recibimos de bebés y cuando éramos pequeños nos enseña si somos dignos de ser queridos y de ser protegidos. En realidad, lo que he descubierto es que tener una madre poco amorosa o negligente puede ser tan perjudicial como no tener madre.

Las hijas de madres negligentes se aferran a la esperanza: la esperanza de que la madre que tienen se convierta en la madre que necesitan. La esperanza persistente crea una fantasía patológica que mantiene a las mujeres atrapadas en ciclos de decepción y dolor, en la que las elecciones parecen más bien obligaciones. La toma de decisiones se basa más en presiones externas que en valores internos. Se necesitan sustitutos, por ello, en la infancia, las madres sustitutas pueden parecerse mucho a los pasteles, los helados o los cuentos de hadas. Pero con el tiempo, el vodka, las drogas o las relaciones tóxicas y fugaces ocupan ese lugar. En todas las etapas de la vida, esa carencia no tratada busca desesperadamente una solución rápida para el vacío interior.

Hijas «sin madre»

Tras publicar mi primer libro, *Ready to Heal* (Preparada para sanar), las mujeres que se identificaron con lo que allí explicaba recurrieron a mí para que las ayudara. Yo necesitaba un lenguaje más adecuado para describir la muda desesperación que acompañaba a mujeres adultas a las salas de reuniones, los restaurantes, las relaciones amorosas y la maternidad. El libro de Hope Edelman, *Motherless Daughters* (Hijas sin madre), se cruzó mágicamente en mi camino. Edelman, una notable periodista y escritora, perdió a su propia madre de forma prematura. Encontró el lenguaje para describir el legado emocional de ser una hija huérfana de madre y describió hábilmente el desarrollo trunco de las áreas emocional, social y psicológica cuando no hay cuidado materno. Su libro me fascinó porque sus descripciones de hijas huérfanas de madres se parecían a mis pacientes, aunque la mayoría de ellas seguían teniendo madres vivas.

Para entenderlo, encontré el importante trabajo de la doctora Pauline Boss sobre la pérdida ambigua. «Pérdida ambigua» es un término que acuñó para explicar lo que ocurre cuando alguien a quien queremos cambia, como en el caso de la demencia, la enfermedad de Alzheimer o una lesión cerebral irreversible. Es decir, ocurre cuando la ausencia psicológica coexiste con la presencia física. Dicho de otra manera: cuando una persona está físicamente presente pero psicológica y emocionalmente ausente. La descripción de Boss me ayudó a entender por qué mis pacientes se parecían a las hijas huérfanas de madre que describía Edelman.

Una hija puede crecer con síntomas de ausencia de madre porque carece de su atención o porque no está en sintonía con ella. La atención es esencial para el cuidado y la protección. Para sentirse queridos, los niños necesitan la sintonía emocional de su madre, así como su presencia física. La falta de disponibilidad emocional de la madre repercute directamente en la calidad de sus cuidados. La falta de sintonía materna se produce por muchas razones, como las exigencias del trabajo, los teléfonos inteligentes y las pantallas, diversas adicciones o la mala salud. Los mecanismos de afrontamiento psicológico no resueltos de la madre pueden mermar su capacidad de atención y sintonía afectiva, y alejarla del momento presente y de su hija.

Una madre es, en primer lugar, una hija

Cuando necesito lenguaje para describir la falta de amor materno, Adrienne Rich siempre me inspira. Rich escribe:

«Muchas de nosotras recibimos cuidados maternos de maneras que ni siquiera podemos percibir; solo sabemos que nuestras madres estuvieron a nuestro lado de algún modo imposible de estimar. Pero si una madre nos hubiera abandonado, porque murió o porque nos dio en adopción, o porque la vida la hubiera empujado al alcohol o a las drogas, a la depresión crónica o a la locura, si se hubiera visto obligada a dejarnos con desconocidos indiferentes e insensibles para ganarse nuestro sustento; ... si hubiera intentado ser una "buena madre" según las exigencias de la institución, convirtiéndose así en una guardiana ansiosa y puritana, preocupada por nuestra virginidad; o si simplemente nos hubiera abandonado porque necesitaba vivir sin un hijo… la niña que hay en nosotras, la pequeña mujer que creció en un mundo controlado por los hombres, todavía se siente, por momentos, tremendamente desamparada».[19]

Muchas madres bienintencionadas no les dieron a sus hijas el cuidado, la protección y la orientación adecuadas porque, sencillamente, no podían dar lo que no tenían. Las madres son primero hijas, y es posible que estén viviendo su propia ausencia de madre no identificada y sin tratar. Cada madre es portadora de los recursos, las creencias y los traumas de sus antepasadas maternas. Y para cada mujer, «la pérdida de la hija por la madre, de la madre por la hija, es la tragedia femenina esencial»[20].

Por muchas razones, la lectura de este libro puede ser un disparador. Identificar esta ausencia significa sanar las necesidades esenciales no satisfechas ahora que eres adulta. A medida que revises los conceptos de este libro, es posible que osciles entre sentirte enfadada con tu madre y sentir que la estás traicionando al leerlo. La mayoría de nosotras hemos sido educadas para ser buenas hijas y minimizamos el comportamiento de nuestra madre por mucho que nos duela. Por otro lado, es posible que quieras culpar a tu madre. La culpa es una fase natural del duelo y una parte muy normal de vivir con la ausencia de una madre, pero es un lugar terrible en el que quedarse atascada. Si te ves incapaz de superar los reproches, puede ser una señal de que necesitas más apoyo para sanar esta herida.

Si tú misma tienes hijos, leer este libro puede ser un reto adicional. Maternar no es para los tibios de corazón. Aunque estemos programadas biológicamente para cuidar y proteger a los niños, las madres reciben consejos contradictorios que hacen aún más difícil la tarea. Ya sabes lo que es sentirte culpable por no estar a la altura de un estándar de maternidad impuesto desde fuera. Has tenido días en los que has perdido la paciencia. Y la calma. Y la cabeza. Puede que te preguntes por qué has tenido hijos. Se trata de los sentimientos normales que acompañan la increíble presión de maternar en un entorno cultural hostil que no te apoya de manera adecuada.

Si tus hijos son mayores, están alejados de ti o tienen dificultades en su vida, puede que te sientas desesperada por haber perdido la cercanía a ellos. Pero, a medida que profundices en el tema, recuerda mantenerte enfocada en tu experiencia como *hija*. Aunque abarco principios sobre la maternidad, este no es un manual de crianza; he incluido esta información solo para ayudarte a identificar lo que perdiste mientras crecías para ser la persona que eres hoy. El propósito de este libro es sanar la ausencia de tu madre, no examinar tu desempeño como madre.

De nuevo, la relación con tu madre es el motivo por el que estás hoy aquí conmigo. Mientras recuperas las partes perdidas de ti misma, por favor, no acudas a tus hijos, por más grandes que sean, para procesar las emociones que experimentes con este contenido. A medida que tu corazón sane, tus hijos heredarán los dones de tu labor sin ninguna explicación. En las certeras palabras de *My Grandmother's Hands* (Las manos de mi abuela) de Resmaa Menakem, M.S.W. dice: «Una de las mejores cosas que cada uno de nosotros puede hacer, no solo por nosotros, sino por nuestros hijos y nietos, es metabolizar nuestro dolor y sanar nuestros traumas».[21] Si tú eres madre de una hija, confía en que las hijas siempre quieren a sus madres. En casi cualquier estadio de la vida, es posible un nuevo vínculo, en particular, durante ciertas transiciones poderosas, como su adolescencia o cuando se convierte en madre ella misma, momento en el que muchas hijas anhelan una vez más el amor y la orientación de una madre.

Para muchas de vosotras, leer estas páginas desencadenará recuerdos dolorosos de su niñez. Si esto sucede, os animo a buscar un terapeuta especialista en apego y tratamiento del trauma, que pueda ayudaros a entender recuerdos y emociones perturbadoras. Sanar la falta de amor materno no sucede de forma aislada. Esta carencia es una herida relacional que requiere reparación relacional. Para evitar quedar atrapada en la desesperación, es fundamental tener un guía en quien confíes.

Hombres, mujeres y la falta de amor materno

Suelen preguntarme si los hombres también pueden sufrir esta «falta de amor materno». La respuesta breve es sí. Todos los bebés necesitan el cuidado y la protección de una madre. Si faltan, tanto los niños como las niñas experimentan este dolor provocado por la ausencia de una madre. Pero a medida que los varones crecen, su necesidad de ser guiados pasa de la madre al padre. Los varones suelen fijarse en el mundo de los hombres para buscar mentores y encajar en los ideales culturales masculinos. Para varones no dominantes, este proceso está cargado de complicaciones, pero es posible que la ausencia de una madre no sea uno de ellos.

Si bien contar con diversos referentes también favorece la maduración de las niñas, estas se benefician específicamente de la guía ininterrumpida de la madre. De hecho, es a través del cuerpo, la mente y el espíritu de la madre que las niñas definen su feminidad, biología y a sí mismas.

Madre «suficientemente buena»

Hace unas décadas, el doctor Donald Winnicott, pediatra y psicoanalista británico, postuló el concepto de la madre «suficientemente buena». A su vez, también contribuyó con una de las únicas definiciones prácticas de lo que significa «maternar». Winnicott explicó que las madres «suficientemente buenas» reconocen las necesidades de sus bebés recién nacidos. De algún modo, las madres «suficientemente buenas» captan la urgencia temporal de las necesidades de un bebé. Parecen comprender que la sensibilidad para responder a sus bebés es fundamental para la salud de los recién nacidos, y que hay algo esencialmente bueno en los primeros procesos de vinculación. Excluyendo otras adversidades de la vida, las madres «suficientemente buenas» ayudan a formar niños con un apego seguro que cumplen los hitos evolutivos porque se sienten seguros y amados. [22]

El término «suficientemente buena» me incomoda. Aunque una parte de mí encuentra alivio en esta definición —una forma de pensar en maternar (o en cualquier otra cosa, en realidad) sin la obligación de alcanzar un estándar imposible—, al mismo tiempo minimiza la importancia monumental de los procesos de apego temprano y la importancia crítica de maternar. Por lo tanto, es un término que no emplearé.

Tres elementos esenciales de maternar

Para comprender lo que significa haber sentido la falta de amor materno, tratarla y escribir acerca de este fenómeno, necesitaba un marco más preciso que el concepto de lo «suficientemente bueno» para cuantificar el amor maternal. Con el tiempo, identifiqué tres elementos maternos esenciales que contribuyen a una sensación de valía y seguridad: el cuidado emocional y físico, la protección y la orientación. Estos son los elementos de atención que se traducen en amor maternal.

El cuidado: Una madre es nuestra primera fuente de cuidado. Nos proporciona alimento y consuelo. Su capacidad para responder al hambre y a nuestra necesidad de cercanía nos enseña acerca del mundo desde los primeros momentos de vida. De su cuidado aprendemos si importamos o no. Aprendemos cómo se siente el amor.

La protección: La protección materna es básica para la supervivencia. La protección impulsa el desarrollo mitigando las amenazas que, de otro modo, crearían miedo y ansiedad. Algunas manifestaciones de estas amenazas pueden ser desde la falta de amparo hasta hermanos encolerizados o adultos insensibles. La protección comienza en el útero y continúa durante mucho tiempo, ya que las hijas necesitan la protección materna ante las fuerzas que devalúan y vulneran a las niñas.

La orientación: A medida que crecen, las hijas observan a las madres para saber lo que significa ser mujer. Las hijas aprenden cómo tratar a otras mujeres a partir del respeto y el cuidado de una madre. De su ejemplo aprenden cómo ser fuertes y amables, cálidas y valientes. Sin embargo, si los dos primeros elementos de cuidado y protección están ausentes, es poco probable que una hija confíe en la orientación de su madre. El vínculo es demasiado frágil. En cambio, es posible que se aparte de las normas, el estilo o los deseos de ella.

Las madres que proporcionan estos elementos esenciales son un refugio contra las tormentas de la vida. Por supuesto, incluso las progenitoras que proporcionan estos elementos cometerán muchos errores por el camino. Afortunadamente, los errores no son un problema. Cuando hablamos de «falta de amor materno» estamos hablando de la falta de cuidado, protección u orientación. Las madres que reconocen sus errores y los corrigen mantienen el vínculo afectivo seguro. Para que una madre pueda hacerlo bien, debe recibir la ayuda emocional de sus amigos, la protección de su pareja y el apoyo de su familia. Si no dispone de estos recursos, es posible que una madre deba recibir el apoyo de profesionales para satisfacer las exigencias de maternar.

Imitación y empatía

Con la repetición y la previsibilidad, la estructura neuronal del bebé imita la de la persona que está a cargo de él, imprimiendo un formato sobre el modo de amar y de sentir. Tocar al bebé con regularidad y de manera cálida contribuye a que crezca su cerebro, alimentando las neuronas que fomentan el vínculo afectivo. Un bebé se desarrolla en brazos de su madre, apoyado contra su corazón, al ritmo de su respiración. En la díada madre-lactante, la sinfonía del amor organiza un cerebro preparado para saber observar, comunicarse y conectarse socialmente, algo que le servirá durante toda la vida. La imitación hace posible este aprendizaje no verbal.

Cuando sonreímos a alguien, las neuronas espejo de la sonrisa de la otra persona se activan, y estimulan una reacción química en su cerebro que libera dopamina y serotonina, hormonas que aumentan la felicidad y reducen el estrés. Del mismo modo, cuando vemos sonreír a alguien, se activan nuestras propias neuronas espejo de la sonrisa.[23] Se trata del principio de la imitación en acción. La imitación nos permite sentir o «entender» a otra persona. No requiere ningún esfuerzo cognitivo; está biológicamente configurado en nuestras neuronas espejo. De este modo, sentimos automáticamente lo que otra persona siente con solo ver sus expresiones faciales. La imitación es el comienzo de la empatía. Y la empatía nos hace humanos, nos proporciona una base para la conexión y la comunidad y nos protege de la soledad.

La imitación comienza en los primeros meses de vida. Todos los bebés observan la cara de su madre. Sus ojos, su sonrisa, sus expresiones faciales son señales para saber si están seguros y son amados. Si la madre tiene una expresión cálida y relajada, el bebé captará la señal de que todo va bien. Por el contrario, si la madre parece enfadada o fría, las neuronas espejo del bebé registran una amenaza. Cuando una madre acoge a su recién nacido con el rostro inexpresivo o el ceño fruncido, la conexión humana puede convertirse en una experiencia desagradable, incluso aterradora, para un bebé en desarrollo.

Aislamiento y soledad

En entrevistas recientes, el doctor Vivek Murthy, director general de Salud Pública, habla de la naturaleza tóxica de la soledad. Explica que la soledad permanente crea un «estado de estrés crónico» que, a su vez, daña el sistema inmunológico; genera inflamación, problemas cardíacos, depresión y ansiedad, y aumenta la probabilidad de muerte prematura. Según el doctor Murthy, «la soledad crónica equivale a fumar 15 cigarrillos al día».[24] En una cultura que fomenta que los bebés y los niños sean independientes, existen demasiados padres que desconocen profundamente las necesidades críticas de apego que tienen sus bebés. Temerosos de que sus hijos sean débiles, demandantes o malcriados, padres con las mejores intenciones cometen errores como dejar solos a sus pequeños, lo que afecta negativamente al apego seguro.

Como adultos, muchos de nosotros vivimos con un anhelo profundo e inconsciente de amor y seguridad. Este deseo proviene de un exceso de soledad durante los periodos vulnerables y dinámicos del crecimiento cerebral. Aunque parezcamos capaces y fuertes, en el fondo tenemos una persistente sensación de vacío. Adaptarse a la soledad demasiado temprano en la vida deja un profundo vacío donde deberían haber estado el amor y la conexión. Quedamos sin una brújula interna para el amor y la vida, por lo que seguimos con nuestras vidas con cerebros adaptados a la soledad y poco preparados para las relaciones sanas.

Primer amor

Ya sea que perturbe o afirme, el amor de una madre es tu primer amor, y siembra las semillas de lo que sientes por ti misma, por otras personas y por el mundo que te rodea. Si tu primera experiencia de amor es positiva, también lo serán otras relaciones. Si no lo es, la ruptura del apego materno condicionará todas las demás relaciones de tu vida. Tanto si has sentido el peso de ocuparte del bienestar emocional de tu madre como si no has podido recibir suficiente atención de ella, la fractura de este vínculo con la persona más importante de tu vida te deja sintiéndote mal o creyendo que estás equivocada, además de vulnerable a los impulsos adictivos, los altibajos emocionales, el aislamiento y la vergüenza. Muchas mujeres me cuentan que amigos bienintencionados, directores espirituales y profesionales de la salud mental no comprenden este dolor. De hecho, algunos desaconsejan hablar de él. No es de extrañar que sientas que estás siendo desleal o desagradecida si surge el tema de tu madre. Cuando no hay un lugar seguro para hablar de tu pérdida, el dolor permanece atascado en el cuerpo. Esta carencia pasa desapercibida y no se trata, y sigue afectando tu estado de ánimo y tu relación con las personas que amas. Comprender la naturaleza de la primera relación de tu vida no significa que seas una desagradecida o que te compadezcas de ti misma. Piensa en ello como un paso valiente hacia la plenitud. Reconocer lo que tuviste y lo que perdiste te encamina a reclamar lo que necesitas.

Tu dolor tiene nombre

Vivir sin amor materno sin diagnosticar es como ir por la vida con anteojeras. Sencillamente, no puedes curar lo que no ves. En estas páginas te quitaremos las anteojeras emocionales para identificar los elementos del cuidado materno que no formaron parte de tu crianza. Profundizaremos en los tres elementos críticos de maternar para que entiendas lo que ocurre con el desarrollo cuando falta uno o más de estos elementos. Comprender lo que significa maternar te ayuda a recuperar lo que se perdió.

Tu experiencia es exclusiva de la relación con tu madre, pero la angustia es universal. Entre las emociones que acompañan esta carencia se encuentran sentimientos humanos comunes como la tristeza, la ansiedad o la confusión. Estos sentimientos universales suelen encontrar alivio en las relaciones con amigos y parejas. Pero haber sentido la «falta de amor materno» complica el vínculo con los demás, así que, por desgracia, no siempre se encuentra alivio en las relaciones. Por esta razón, es fácil quedarse estancado. Esta añoranza crece y perdura en un clima de soledad, miedo y vergüenza. Estas emociones estresantes necesitan un alivio adictivo de manera regular, razón por la cual, para muchos, la comida, el sexo, el amor, el trabajo, el ejercicio o el gasto pueden volverse adictivos. Hablaremos de cómo ocurre esto en el capítulo 4: Cuidado sustituto.

Aunque se trata de un tema muy difícil, si te identificas con esta carencia y la estás sanando, espero que este libro te ayude a sentirte menos sola. Después de leer este capítulo, ya sabes que tu dolor tiene un nombre. En el entorno formativo en que recibiste los primeros cuidados faltaron elementos fundamentales. Ahora que la sabiduría de tu cuerpo va a tomar el control, años de emociones atrapadas saldrán a la superficie. Al darle un nombre a tu dolor, una nueva fortaleza asoma en el horizonte.

2

TEORÍA DEL APEGO Y LA «FALTA DE AMOR MATERNO»

La teoría del apego está ganando impulso como explicación psicológica integral de por qué los seres humanos vivimos y amamos como lo hacemos.[1] Nuestro estilo de apego individual es un mapa que refleja cómo nos vinculamos. Aunque los comportamientos de apego humano son diversos, cada uno de nosotros tiene patrones dominantes de conexión y relación con los demás que se establecen cuando somos muy pequeños. Para entender esta idea de «necesidad de madre», examinaremos con detenimiento los primeros meses formativos, cuando «aprendemos» a apegarnos.

El doctor Dan Siegel, autor, psiquiatra y director del Centro para el Desarrollo Humano de la Universidad de California en Los Ángeles (UCLA), ofrece una perspectiva clínica: «El apego establece una relación interpersonal que ayuda al cerebro inmaduro [del niño] a utilizar las funciones maduras del cerebro del progenitor para organizar sus propios procesos».[2] En ausencia de un adulto estable, cariñoso y protector, las primeras lecciones de apego pueden llevar a la inseguridad. La idea de «falta de amor materno» describe lo que *siente* un adulto que tiene un estilo de apego inseguro y lo que ocurre cuando faltan elementos esenciales del cuidado materno. Comprender la raíz del apego inseguro orienta el proceso de sanación y aumenta la posibilidad de formar un apego seguro en la adultez.

Teoría del apego

La teoría del apego nació después de la Segunda Guerra Mundial, cuando John Bowlby, un psiquiatra y psicoanalista británico que trabajaba en orfanatos, observó que, aunque los niños recibían comida, cobijo y atención médica, no se desarrollaban; de hecho, muchos morían.[3] Bowlby empezó a estudiar las causas, y más adelante Mary Ainsworth amplió su trabajo. A partir de las investigaciones de ambos, desde entonces comprobadas muchas veces en todo el mundo, la teoría del apego nos devuelve a una verdad básica: los bebés humanos están programados para depender del cuidado emocional y físico de un tutor.[4] Los bebés crean constantemente vínculos afectivos, diseñados biológicamente para permanecer cerca de un cuidador principal. Si un bebé o un niño no se desarrollan, no tiene por qué significar que le esté ocurriendo algo malo a nivel físico. Más bien, puede ser un indicio de que algo falta en el entorno que lo cuida.

Así como un recién nacido necesita proteínas y grasas para desarrollar su cerebro y su cuerpo, necesita el calor de su madre para fortalecer las áreas sociales de su cerebro. Los abrazos estimulan el crecimiento del cerebro infantil. Lo mismo ocurre con los miles de pequeñas interacciones que se producen cuando se cambia al bebé, se le da de comer o se carga en brazos. Cada momento tiene el potencial de crear la sensación de que las «personas equivalen a placer» y de que el mundo es un lugar seguro y acogedor. Las interacciones serenas y receptivas entre una madre y su bebé estimulan el centro de recompensa del cerebro infantil, y activan la dopamina, la serotonina y otros neurotransmisores que generan una sensación de bienestar. Cuantas más caricias haya en el mundo de un bebé, más receptivo será su cerebro al amor y a otros sentimientos de felicidad a medida que crezca. Durante los primeros dieciocho meses de vida, sus neuronas sensoriales, en rápido crecimiento, aprenden silenciosamente de la proximidad receptiva de su madre.

El cuidado materno sano favorece el desarrollo del hemisferio derecho del cerebro. El hemisferio derecho es el núcleo del futuro sentido común y de la capacidad de leer las señales de los demás y cultivar la empatía hacia lo que sienten. El crecimiento del hemisferio derecho depende de momentos de apego predecibles y sensibles.[5] El doctor Allan Schore, catedrático de neurobiología interpersonal en la Escuela de medicina Geffen de la Universidad de California en Los Ángeles (UCLA), lo denomina un proceso «que depende de la experiencia»[6]. De este modo, el amor materno es la base de un cerebro que, fundamentalmente, confía o desconfía de la conexión humana.

Aprender a apegarse

Las experiencias primigenias de contacto amoroso y sonidos seguros se almacenan en el cuerpo como memoria implícita. La memoria implícita, o memoria basada en el cuerpo, es la forma en que guardamos la información sobre el mundo y nuestra familia antes de que aparezca la memoria explícita o consciente. La memoria explícita nos permite recordar lo que ocurrió ayer, el año pasado o anoche. El concepto de memoria implícita procede de los psicólogos Peter Graf y Daniel L. Schacter, cuyos hallazgos explican cómo y por qué a veces reaccionamos a experiencias de los primeros años sin tener recuerdos conscientes de ellas.[7] Nuestras células guardan las historias de las experiencias muy tempranas, independientemente del tiempo transcurrido. Pero la memoria implícita no recuerda nada.

El hecho de que partes de nuestro cerebro límbico, concretamente la amígdala, donde se procesan las emociones, ya funciona al nacer, demuestra que las interacciones humanas iniciales son muy importantes. Incluso de bebés captamos sensaciones sobre el entorno (seguridad, pertenencia, alegría, estrés) en nuestra memoria implícita. La memoria implícita es una parte primitiva de nuestra inteligencia innata, y nos enseña acerca de la seguridad y el amor antes de que se desarrollen las áreas corticales superiores del cerebro y nos ayuden a comprender la realidad. Desde el último trimestre del embarazo y a lo largo del segundo año de vida, el cerebro duplica su tamaño. Durante este periodo de rápido crecimiento, el cerebro del bebé depende del cerebro de su cuidador principal para regular las emociones, es decir, para calmar la angustia, sentirse seguro y confiar en la conexión humana. El bebé aún no puede «pensar» por sí mismo. En otras palabras, necesita que sus cuidadores traduzcan el amor al lenguaje del bebé a través del sonido, el tacto y la continuidad.

Dado que la ciencia nos informa que los pequeños no tienen la capacidad de pensar como los niños o los adultos, resulta desafortunada la cantidad de expertos en crianza mal informados que enseñan que los bebés pueden ser manipuladores. La manipulación es un proceso de pensamiento superior que aún no es posible, y no lo será por años. El llanto y las rabietas no son intentos de manipular a los cuidadores, sino señales de angustia y una petición de ayuda. Los niños pequeños que se están desarrollando no tienen la capacidad de regular las emociones por sí mismos, sino que lo aprenden del cuidado que reciben.

Básicamente, los bebés comparten un cerebro con sus madres a la espera de que se desarrollen las regiones cognitivas del cerebro que gobiernan la lógica y la razón. La proximidad física y las interacciones sensibles con la madre o el cuidador primario promueven los procesos biológicos que le permiten al cerebro desarrollarse de manera óptima. Cuando los hemisferios del cerebro funcionan bien juntos, el aprendizaje y la regulación de las emociones se vuelven más fáciles. Ambas aptitudes son completamente dependientes del cuidado y la protección tempranas. Esto significa que las madres son, básicamente, arquitectas del cerebro. Desde luego, cuando yo era una madre joven no advertía la magnitud de lo que significa maternar. Esta información no estaba disponible, y no era consciente de cuánto desconocía.

Patrones de apego

Los sentimientos vinculados con el cuidado de los primeros años quedan impresos en la memoria implícita. Y la memoria implícita afecta los patrones de apego que son propios de cada uno. De este modo, nuestro cuerpo y nuestra mente gobiernan la historia de nuestra vida cotidiana, seamos o no conscientes de ello. La falta de conciencia y acceso a estas primeras experiencias explica por qué es común creer que todo el mundo socializa, se vincula, juega o trabaja del mismo modo que nosotros. Quizá no entendamos lo singulares que son nuestros patrones y comportamientos de apego hasta que surge un conflicto con alguien que nos importa. El conflicto ofrece la oportunidad de aprender algo nuevo sobre nuestra manera de vincularnos, lo que necesitamos y el modo en que los demás interpretan nuestro comportamiento. Pero muchos de nosotros evitamos la sabiduría que acompaña el conflicto porque carecemos de las herramientas para comprender nuestro propio ánimo agobiado o celos vehementes. Sencillamente, no sabemos por qué nos sentimos de un modo determinado.

La parte lógica de nuestro cerebro no tiene la llave (memoria explícita) para acceder a la formación de la personalidad temprana (memoria implícita). Cuando comprendemos mejor las sensaciones de nuestro cuerpo y les prestamos atención a nuestros sentimientos, tenemos más control de nuestras decisiones y nuestra forma de comportarnos. Pero este proceso lleva tiempo, porque sin la memoria explícita de nuestros meses y años de formación, no es fácil acceder a la historia de cómo aprendimos a apegarnos y a amar. Pero ten la certeza de que, a medida que aprendas más sobre los elementos básicos del cuidado maternal, como la sintonía afectiva y la imitación, tu cuerpo y tu mente podrán empezar a reconocer lo que se perdió en tus años de formación. Si bien comprobarlo puede provocar emociones difíciles, estos sentimientos desagradables o sorprendentes te preparan para sanar y transformarte.

Sintonía afectiva

Cuando alguien o algo son importantes para ti, le prestas toda tu atención. Prestar atención es tu manera de demostrar aprecio, amor o respeto. La atención requiere tanto de tu presencia física como de tu presencia emocional. La atención es sintonía afectiva por lo que cuando sintonizas con tu actividad, profesor o amigo favorito demuestras que te importa. Al sintonizar todo tu cuerpo expresas todo tu ser.

Los bebés cuyos cuidadores primarios sintonizan con ellos en los tres primeros años tienen mayor capacidad de gestionar una amplia gama de emociones y de acceder a ellas a medida que crecen y aprenden. Los investigadores del apego consideran que estos niños tienen un apego seguro. Los niños con apego seguro tienen cerebros felices. No significa que sean niños que siempre están felices; simplemente, significa que sus cerebros funcionan bien.

La sintonía afectiva es el lenguaje del amor materno. Una madre le enseña a su bebé cómo es el amor a través de su mirada, sus sonidos y el tacto. Un bebé adora el rostro de su madre. No le importa si la madre es brillante o guapa; solo quiere que esté presente. Incluso si un bebé aún no puede concentrarse en cada detalle de la expresión de su madre, siente su sintonía afectiva. El doctor Edward Tronick realizó experimentos para ilustrar la sintonía afectiva de la madre.[8] En su ahora famoso «experimento del rostro quieto», las madres empiezan por relacionarse con sus bebés de un modo conocido. Observamos cómo se disfrutan mutuamente, compartiendo sonidos, gestos y contacto visual. Tras unos minutos, se les pide a las madres que dejen de mirar y sonreír a sus bebés y mantengan el rostro inexpresivo mientras permanecen en el mismo lugar. Las madres dejan de sonreír y de emitir sonidos. Después de solo unos instantes con una madre inexpresiva que no responde, los bebés que estaban alegres se desorientan y se angustian. Lloran en señal de queja y se esfuerzan por recuperar la atención de su progenitora. En todos los casos, los bebés realizan repetidos intentos por recuperar la atención de las madres mientras estas permanecen con el rostro inexpresivo. La interacción resulta realmente difícil de observar. Puede verse la angustia. Es como si el bebé dijera: «¿Qué ha pasado? ¿Adónde te has ido? ¿Cuál es el problema? ¡Te necesito!». Sin sintonía afectiva, un bebé no puede tolerar la proximidad de su madre. No basta con que su madre está allí físicamente; el bebé también necesita que esté presente emocionalmente.

Afortunadamente, en el experimento, las madres se reponen rápidamente (de lo contrario, sería demasiado cruel) acercándose a sus bebés, sonriendo, haciendo gorjeos y calmando la angustia. La demostración en vivo entre la madre y el bebé nos muestra lo poderosa que es la cálida danza de la sintonía afectiva. Estas tempranas lecciones relacionales son los pilares para el apego seguro y la futura autoestima.

Además de la sintonía afectiva con la madre, podemos ver lo resilientes y adaptables que son los bebés en el experimento del rostro quieto. Si se los tranquiliza con afecto, se recuperan rápidamente de la angustia. Ninguna madre está en perfecta sintonía afectiva con su bebé todo el tiempo ni necesita estarlo. Pero las madres que están sintonizadas con sus bebés no permiten que sus pequeños sufran demasiado tiempo o con demasiada frecuencia. Como las madres en el experimento de Tronick, hacen rápidas recuperaciones cuando dejan pasar una señal para conectarse.

Este ir y venir entre una madre y su bebé genera confianza y apego seguro y es esencial para el desarrollo del hemisferio derecho del cerebro.[9] Según investigaciones actuales, para el tercer mes una niña imita los sonidos y expresiones de su madre.[10] Y para el cuarto mes, Beatrice Beebe, doctora en Psicología, profesora clínica de Psicología del Instituto Psiquiátrico del Estado de Nueva York y experta en comunicación madre-hijo, registra que las niñas pierden los gestos faciales que sus madres no tienen. La investigación de Beebe tiene profundas implicaciones para una niña cuya madre está constantemente al teléfono, distraída con otras muchas responsabilidades o simplemente tiene una expresión impasible. Las expresiones faciales de una madre no solo comunican emociones, sino que también crean los circuitos cerebrales de su bebé. La calidad y presencia de la mirada materna forma parte de este proceso psicobiológico. Por eso podemos entender cómo la ausencia de una sintonía afectiva con la madre es una forma de adversidad temprana.

El amor no basta

El amor por sí solo no basta para desarrollar un apego seguro. Y el ADN compartido no garantiza que un niño se sienta amado. La sintonía afectiva traduce el amor al lenguaje de un bebé. De hecho, independientemente de nuestra edad, todos experimentamos el amor a través de la sintonía afectiva. Sintonizamos con las personas que nos importan, o al menos lo intentamos. A muchos nos cuesta, porque la sintonización no es algo natural. Si no nos criaron así de niños, necesitamos ayuda para aprender a sintonizar afectivamente con aquellos que nos importan. Esto explica la popularidad del fenómeno de superventas *Los cinco lenguajes del amor*. En él, el autor Gary Chapman enseña a los adultos a expresar el amor de formas que la pareja pueda sentir. Chapman explica que no basta con «estar enamorado». Debemos expresar el amor en el lenguaje que nuestra pareja entiende. Como esto es cierto para los adultos, se puede entender que lo es aún más para los bebés y los niños que no pueden comprender los comportamientos de los adultos.

La sintonía afectiva es la labor invisible del cuidado materno. Las madres sintonizan de muchas maneras, por ejemplo, buscando indicios de que su hijo necesita dormir, alimentarse o calmarse. Una madre en sintonía afectiva con su bebé observa lo que lo calma, también cuida a su bebé adaptando su forma de tocarlo de maneras que le agraden. Busca indicios que revelen que su bebé se siente solo o asustado. Una madre en sintonía afectiva le deja espacio a su hijo cuando el pequeño parece satisfecho. Estos son los gestos, poderosos, aunque simples, que crean una relación. Sintonizar afectivamente es un verbo y una expresión activa de amor.

A veces, los cuidadores temen que, si responden con demasiada frecuencia o demasiado rápido a las señales del bebé, este se echará a perder. Pero el verdadero significado de *echarse a perder* es dejar algo en un estante para que se pudra. No hay tal cosa como echar a perder a un bebé. Sin embargo, esta desinformación generalizada está en todas partes. Atender a las necesidades que tiene un bebé de consuelo, alimento y contacto crea pertenencia, amor y confianza. Se trata de necesidades humanas básicas. Cuando estas necesidades se satisfacen en el momento adecuado del desarrollo, las tareas de etapas posteriores, como la socialización, el aprendizaje y la individualización, ocurren con facilidad. La sintonía afectiva crea un sistema nervioso robusto y sano que le permitirá al niño conocerse, explorar el mundo y formar conexiones felices con otros en el futuro.

Apego seguro

El cuidado y la sintonía afectiva no tienen que ser perfectas para que los bebés desarrollen un apego seguro. Toda madre comete infinidad de errores cuando está al cuidado de sus pequeños. Cuando llevan al bebé en brazos, lo mecen y se disculpan porque las madres en sintonía compensan los errores naturales. A través de acciones de reparación como estas, las madres restablecen la conexión con sus hijos después de haber estado demasiado tiempo alejadas de ellos o de haber tenido un arrebato emocional porque la naturaleza no exige perfección y los niños tampoco. El apego seguro proviene de un ir y venir relacional y confiable entre madre e hijo, que infunde la creencia de que las relaciones humanas alivian el dolor. Estas primeras lecciones relacionales fortalecen los sistemas cerebrales para el desarrollo de una salud y felicidad continuas con el fin de crear un apego seguro.

Criar a un niño con un apego seguro es la magia de maternar: un trabajo activo de sintonía afectiva con la monumental coreografía de sostener a un ser humano.

El apego seguro permite que un niño madure sin problemas. La independencia es un subproducto de las necesidades sanas de dependencia que han sido satisfechas durante los meses y años más vulnerables. El apego seguro es como tener un lugar seguro donde vivir, un lugar emocional al que llamar hogar. Por ello, los niños con apego seguro tienden a ser más curiosos y menos agresivos que sus compañeros con apego inseguro. Son capaces de mostrar empatía por los demás y de hacer frente a ciertas dificultades. Del mismo modo, los niños con este tipo de apego establecen vínculos estrechos a lo largo de su vida con amigos, amantes y con sus propios hijos.

Apego inseguro

Como cualquier ser humano, los pequeños con apego seguro sufren cuando suceden cosas malas, pero se recuperan rápidamente y confían en otros para pedir ayuda cuando las cosas se ponen difíciles. Pero los bebés que no cuentan con los cuidados adecuados en los primeros años de vida cargan con una angustia interna. Los niños sin un apego seguro crecen para convertirse en adultos que poseen un sistema nervioso configurados de manera diferente a la de aquellos con apegos seguros. A medida que maduran físicamente, a los niños con apego inseguro les cuesta madurar emocionalmente y tener síntomas de ansiedad. Confiar en otros se vuelve difícil, al igual que concentrarse. Cuando los niños llegan a la escuela secundaria, el apego inseguro puede manifestarse como depresión, indecisión, procrastinación, aislamiento social, trastornos alimentarios o adicción. La ciencia del apego nos informa que alrededor del 50 por ciento de la población tiene un estilo de apego inseguro. [11] Una persona con apego inseguro siente: necesidad de pertenencia, de afecto y de seguridad que no desaparece por muchos psicólogos a los que se recurra.

Señales de apego inseguro

Para los niños y adultos que tienen apego inseguro, los trastornos emocionales resultan más difíciles que para aquellos que tienen apego seguro. Por la falta de cuidado en los primeros años, a los niños y adultos con apego inseguro les cuesta trabajar bien con otros, y se retraen o se aíslan cuando tienen miedo. Las personas con apego inseguro pueden ser excesivamente dependientes o tener menos paciencia y flexibilidad que sus pares con apego seguro. La memoria se ve afectada. Dado que es menos probable que forjen amistades duraderas, las personas con apego inseguro sufren de soledad. Algunas pueden ser agresivas durante un conflicto. [12]

La cantidad de personas con apego inseguro es tan significativa que no tiene ningún sentido transformar esta experiencia humana en una patología. De hecho, el apego inseguro podría ser considerado «normal» si nos atreviéramos a utilizar esta palabra. Las adaptaciones psicológicas al apego inseguro (problemas de salud mental, adicciones y otros problemas de salud) tienen que ver con la falta de apoyo y no con la debilidad moral. La ausencia de cuidados emocionales y físicos daña los circuitos cerebrales destinados a la conexión y fortalece los circuitos destinados a la preservación. De este modo, el apego inseguro crea las condiciones para que pueda vivirse en un estado de soledad permanente. El apego inseguro explica una experiencia que compartimos muchos de nosotros: el ansia de algo o de alguien que alivie el dolor del aislamiento.

La ausencia de consuelo y protección maternos pueden provocar una herida de apego antes de que se desarrollen funciones superiores como la memoria explícita, la cognición y la lógica. Si bien es cierto que es difícil recordar etapas tan tempranas del desarrollo, es habitual que las mujeres con apego inseguro describan una sensación de pesadumbre, entumecimiento o agitación, sin saber por qué, y suelen tener tendencia a padecer síntomas vinculados a la depresión, distimia o ansiedad generalizada. Cuando la «falta de amor materno» es severa (la cual analizaremos en el capítulo 8), comparte síntomas con el trastorno bipolar y el trastorno límite de la personalidad. Identificarla muchas veces despeja la confusión en torno a estos síntomas y muestra la angustia que hay detrás.

Por el contrario, las mujeres con vínculos maternos seguros no se identifican con esa «desesperación» o «vergüenza» propias de las mujeres que han padecido la carencia de amor materno, y esto no se debe a que no hayan pasado por periodos de dolor, sino que simplemente no han sufrido esa falta de amor materno, de hecho, diría que les resulta inimaginable. Se apoyan en el cariño de sus madres cuando la vida es difícil y celebran juntas los momentos felices y son capaces de pedir ayuda cuando la necesitan. Las hijas con apego seguro comparten acontecimientos importantes y otras alegrías con sus madres, ya sea un matrimonio, un ascenso, una simple receta o el nacimiento de un bebé. Las interacciones constantes entre madres e hijas siguen siendo una parte íntima y formativa de la vida.

En cambio, las mujeres con apego inseguro no pueden identificarse con relaciones de afecto entre madres e hijas, ya que aprendieron desde muy pequeñas a no acercarse a sus madres cuando estaban asustadas o tristes, o incluso cuando estaban contentas, ya que la alegría podía resultar amenazante para una madre que era emocionalmente frágil.

Estas mujeres suelen recordar apodos con los que sus madres se referían a ellas que las hacían sentir demandantes y avergonzadas, como si fuera demasiado esfuerzo por parte de sus madres que se ocuparan de ellas. Algunas mencionan haber sido apartadas con un empujón cuando necesitaban un abrazo. Por otro lado, en contraposición, en otros casos se sentían abrumadas por una demanda materna excesiva.

Sin un amor materno sano, una niña puede crecer con una idea que es muy dolorosa: «estoy sola y es culpa mía». Pensamientos como estos generan vergüenza y, por ende, desprecio hacia sí mismas: dos cosas que se interponen en el camino de aprender a cuidar de sí mismas, de mantener relaciones sanas o de disfrutar de momentos genuinos de alegría. La vergüenza es como una jaula. La doctora Jean Baker Miller acuñó la expresión «condena de aislamiento» para describir esta experiencia de soledad y vergüenza.[13] Sarah Peyton, autora de *Your Resonant Self* (Tu yo resonante), lo llama «soledad alarmada».[14] El hecho de que existan varios nombres para hablar sobre el sufrimiento provocado por la vergüenza y la soledad muestra que no eres la única lidiando con estos sentimientos.

En los años que llevo en el ejercicio de mi profesión todavía no he tratado a ninguna mujer con apego seguro que padezca los síntomas característicos de la falta de amor materno. Sin embargo, las que sí lo han padecido suelen desarrollar diferentes tipos de apego inseguro que he tenido muchas oportunidades de explorar. El apego inseguro suele dividirse únicamente en dos categorías: ansioso o evitativo, y aquí los trataremos a ambos, pero también existe el apego desorganizado, una categoría amplia y compleja, llamada a veces «apego evitativo temeroso», que no suele tenerse en cuenta o suele malinterpretarse, y es por eso por lo que lo trataré en detalle en el capítulo 8, ya que está vinculado, como he comentado antes, con una falta de amor materno intensa y merece un desarrollo específico.

Las categorías de los estilos de apego resultan útiles a la hora de conceptualizar el comportamiento humano. De todos modos, hay que tener en cuenta que fueron creadas con fines de investigación y no para etiquetarnos. Aprender los diferentes matices de apego que existen y comprenderlos solo servirá para que tomes conciencia sobre cuál se identifica más contigo. Además, puede provocar un momento de súbita revelación en el que un recuerdo implícito cobra sentido de repente y puede dirigirse hacia la parte del cerebro que te da acceso a la lógica y el cambio. Esta es la manera de reescribir una historia para sanar.

Es importante tener en cuenta que nadie encaja completamente en ninguna de las dos categorías. De hecho, tu estilo de apego puede fluctuar dependiendo de la persona con la que te relaciones.

Apego evitativo

Las niñas con apego evitativo aprenden a desconectarse de sus sentimientos a una edad temprana. La mayoría pone una distancia emocional con las personas como medida defensiva, una forma de evitar o bien el rechazo o bien la sensación de asfixia. De adultas, las mujeres con apego evitativo tienden a ser pensadoras lineales y hablar de emociones o sentimientos las pone nerviosas. Este estilo de apego suele denominarse evitativo porque, en el proceso de desconectarnos de nuestros propios sentimientos, nos cuesta relacionarnos con lo que sienten los demás de forma genuina. Yo he catalogado dos formas principales de apego evitativo:

> **Afecto maternal insuficiente**: Cuando el cuidador principal (sea cual fuere) era, con frecuencia, incapaz de responder a las necesidades del bebé y, por ende, lo abandonaba con frecuencia, o no llegaba a calmarlo, dejando una angustia de separación y un vínculo temprano dañado. Esta ausencia de cuidado obligó al niño a renunciar a los esfuerzos de recurrir a su madre, y si nadie sustituyó esas demandas se gestó la estructura de personalidad evitativa, como una forma de

TEORÍA DEL APEGO Y LA «FALTA DE AMOR MATERNO» • **57**

desconectarse de la necesidad de consuelo humano para poder tolerar lo intolerable.

Afecto maternal excesivo: Este se produce cuando el cuidador principal resultó ser asfixiante, no cuando la niña era un bebé que no resulta realmente un problema ya que en esa etapa es preferible recibir mucho cuidado que no recibir lo suficiente, sino pasado el tiempo. Se evidencia en las hijas mayores cuyas madres son sobreprotectoras a las que les cuesta lograr su autonomía. En los círculos clínicos, llamamos a este fenómeno «aglutinamiento» (en inglés *enmeshment*). El aglutinamiento ocurre cuando la necesidad de compañía y afirmación de la madre supera la capacidad de autonomía y cuidado de la hija, lo que produce una inversión de roles en donde son las hijas las que terminan cuidando a la madre, cuando debería ser al revés.

El aglutinamiento es una forma perniciosa de negligencia, es lo contrario del cuidado. En la adolescencia y la edad adulta, las hijas aglutinadas se sienten desconcertadas por la rabia y la frustración que sienten hacia sus madres, quienes tiene una actitud que parece sumamente «amable». De hecho, es posible que, sin darse cuenta, los terapeutas les aconsejen ser más pacientes, haciendo caso omiso a la pesada carga que soportan. De este modo, no se le presta atención a la ira que puede sentir una hija aglutinada, la cual puede caer en depresión. Es necesario una intervención adecuada para que sean capaces de darse cuenta de que esa ira, al contrario de ser negativa y tener que aplacarla, puede ser lo que les permita abrir los ojos para darse cuenta de que algo va mal. Examinaremos más detenidamente este tipo de aglutinamiento entre madre-hija en el capítulo 7.

Las mujeres que tienen apego evitativo pueden ser muy encantadoras al principio, y da la impresión de que están emocionalmente presentes. En general, se trata de un comportamiento aprendido y no una medida de disponibilidad. De adultas, las mujeres con apego evitativo suelen sentirse asfixiadas o atrapadas por sus relaciones más cercanas. Los comportamientos de distanciamiento que la mayoría de nosotros adoptamos con extraños cuando estamos, por ejemplo, en un ascensor o en el metro, son habituales en las mujeres con apego evitativo, quienes inconscientemente proyectan un lenguaje corporal y expresiones faciales que comunican «aléjate» o «déjame en paz».

Las mujeres con apego evitativo no suelen percibir las señales de necesidad de afecto o de intimidad que otros pueden enviarles y se frustran cuando las personas que están a su alrededor necesitan ser tranquilizadas, acusándolas de dependientes e inferiores. El juicio es una adaptación psicológica que oculta la delicada herida de apego subyacente. Esta estrategia de supervivencia crea una falsa sensación de poder que perturba el equilibrio de cualquier relación. Como estas estrategias de evitación son adaptaciones implícitas primitivas a un dolor emocional insoportable, son en gran parte inconscientes, lo que desconcierta a las mujeres cuando sus amigos o compañeros se las señalan.

Como vivimos en una cultura que valora más la independencia que la interdependencia, las mujeres con un estilo de apego evitativo suelen ser apoyadas por sus logros, su ambición y su fuerza y suelen sentirse más poderosas que los demás.

Son de carácter sereno, inteligentes y encantadoras o con una personalidad dinámica que puede ocultar una profunda inseguridad en sí mismas.

Las mujeres con un estilo de apego evitativo suelen sentirse atraídas por personas que tienen un apego ansioso (y están más comprometidas con la relación) para intentar inconscientemente mantener el control y poder satisfacer sus necesidades de cercanía sin solicitarla ya que pedirle algo a otro requiere vulnerabilidad, y las mujeres con apego evitativo no toleran la vulnerabilidad.

Las mujeres con este tipo de apego creen que son realmente más fuertes e independientes de lo que son. Se aburren con facilidad y están permanentemente realizando actividades tanto con amigos o con sus parejas para mantenerse ocupadas. Por estos motivos, las mujeres con apego evitativo pueden demorar mucho tiempo en identificar las consecuencias que les ha provocado la falta de amor materno. Generalmente, se necesita una crisis para que una mujer con apego evitativo reconozca su tristeza y vulnerabilidad. La amenaza de una pérdida significativa, como la de una relación que realmente le importa o una oportunidad profesional, desata sus temores más profundos de abandono y provoca una catarata de dolor que puede incitarla a sanar.

Apego ansioso

A diferencia de las mujeres con apego evitativo, las mujeres con apego ansioso sí son conscientes de que algo anda mal con sus patrones relacionales. Por lo general se avergüenzan de sus necesidades emocionales considerándose muy demandantes, posesivas o dependientes, sobre todo en una cultura que desvaloriza las relaciones y los vínculos. En realidad, las mujeres que tienen apego ansioso tienen deseos de una intimidad que es difícil de satisfacer. Sin embargo, no se trata de una patología; es, sencillamente, una característica producto de la falta de amor materno.

El apego ansioso sucede cuando las madres funcionan de manera impredecible en cuanto a su disponibilidad para con sus hijas. Suelen tener dificultades para mostrar afecto o sufren altibajos emocionales frecuentes que son incompresibles para sus hijas. Las madres excesivamente rígidas y perfeccionistas también pueden crear hijas ansiosas. Las madres que se sienten abrumadas por las necesidades naturales de una hija tienen expresiones faciales y un lenguaje corporal que puede provocar dolor y vergüenza en una hija. Esto puede suscitar la duda «¿soy digna de ser amada?».

De adultas, las mujeres con apego ansioso carecen de la estructura interna para estar cómodas consigo mismas y con los demás. Añoran la cercanía con amigos y parejas, pero son fácilmente dadas a los celos y se enfadan con rapidez. Al haberse adaptado a la privación, han aprendido que hay una reserva de amor limitada. Su intensidad emocional parece a veces la de un bebé o una niña pequeña cuando protesta o hace una rabieta: lloran, gritan o hacen pucheros para que alguien se les acerque. Las mujeres con apego ansioso pueden enfurecerse, dejar de comer o buscar venganza cuando perciben el abandono.

Las mujeres con un estilo de apego ansioso tienen la misma necesidad de autonomía que cualquier otra persona, pero la identifican. Para ellas, estar solas es una tortura y, a pesar de que la soledad puede ser beneficiosa, es inimaginable para ellas.

El cambio es posible

Aunque cada uno de nosotros tiene un estilo de apego dominante podemos tener rasgos de otro tipo de apego según la relación en la que nos encontremos. Por ejemplo, aunque seas una persona con un estilo de apego evitativo, puede que, si de repente tu mejor amiga necesita estar un tiempo sola, sientas desconcierto o inseguridad respecto a la relación. Del mismo modo, si te identificas con el apego ansioso, podrías sentirte asfixiada en una relación con otra persona que también tenga un estilo de apego ansioso.

Independientemente de tu estilo de apego, es muy posible desarrollar lo que los investigadores llaman un «apego seguro adquirido». En otras palabras, puedes cambiar tu estilo de apego. A medida que te rehabilitas y recuperas los elementos del cuidado materno que recibiste, puedes crear para ti una nueva sensación de seguridad. El trabajo de sanación modifica la salud cerebral y ocupa los espacios que deberían haber ocupado las primeras relaciones. Al igual que el ejercicio regular fortalece tu cuerpo, los esfuerzos por restablecer el cuidado, la protección y la orientación que no has tenido fortalecen tu cerebro. Llegar al apego seguro adquirido requiere un esfuerzo consciente, pero si llegaste hasta aquí te aseguro que estás dando un paso muy importante: la toma de conciencia.

Muchas mujeres logran desarrollar ese apego seguro adquirido con la ayuda de un terapeuta, otras con la ayuda de buenos amigos, parejas e incluso mascotas. Dependiendo de la gravedad de tu falta de amor materno, los elementos para mejorar tu estilo de apego irán variando.

En el próximo capítulo, exploraremos qué significa el amor materno, uno de los elementos fundamentales que como hemos visto tiene un enorme impacto en el estilo de apego que desarrollaremos y en si sabemos o no lo que es «sentir amor».

3

CUIDADO

Para poder desarrollar una base segura para la vida, lo primero que necesitan los bebés es recibir atención, amor y cuidados. El cuidado emocional y físico es el lenguaje no verbal que le dice a un recién nacido «te quiero y estoy aquí».

Si bien solemos asociar estos cuidados con las mujeres, los hombres también pueden proveerlos. Tanto los hombres como las mujeres tienen receptores de oxitocina que facilitan la creación del vínculo. Profundicemos en lo que significa el *cuidado*.

- El cuidado es la asistencia sensible que brinda el cuidador primario al bebé.
- El cuidado significa tocar, llevar en brazos, alimentar, calmar, asear y responder a las necesidades del bebé.
- El cuidado es el lenguaje del amor; el cerebro del bebé aprende por lo que siente.
- El cuidado es fundamental en los primeros mil días, momento en que el cerebro del bebé experimenta su mayor crecimiento.
- El cuidado es la base para el apego seguro y la salud del cerebro.

- El cuidado es fundamental para todos los mamíferos, desde el momento del nacimiento las madres acurrucan, lamen, estimulan y nutren a sus crías.

Cuando el bebé nace conoce la voz de su madre, y la prefiere a todas las demás. Aunque reconoce otros sonidos y voces familiares, el líquido amniótico los ha amortiguado durante nueve meses. Son el trasfondo para la conexión clara con la voz de su progenitora. En los primeros mil días de vida, el cuidado inicial de la madre determina el desarrollo emocional, mental y físico del recién nacido. «El tipo y proceso del parto, el contacto estrecho con la piel de la madre, la lactancia materna y el cuidado, la protección y la estimulación que proporciona la familia continúan estos procesos gestacionales más allá del nacimiento».[1]

Cuidado mágico

Los primeros días y meses posteriores al nacimiento son tan críticos que los expertos en lactancia los denominan el «cuarto trimestre». En el cuarto trimestre (los tres meses inmediatamente posteriores al parto), la madre y el bebé necesitan que la vida se desacelere. Este momento sensible debe considerarse parte del embarazo porque el cerebro del bebé crece a un ritmo asombroso, y la contención de la madre es la que lo abona.

Tanto para la madre como para el niño, durante los primeros noventa días de vida fuera del vientre materno, mirarse a los ojos, el contacto piel con piel y olerse mutuamente intensifican la producción de hormonas que refuerzan el vínculo, y configuran la anatomía del cerebro de ambos.

Es tan importante el contacto entre madre y bebé durante este tiempo que Matthew Grossman, pediatra de Yale, decidió modificar el tratamiento que se utilizaba en bebés que nacían con una dependencia de opiáceos, producto de una madre que era consumidora. En lugar de tratarlos con morfina y dejarlos solos (lo que constituye el tratamiento tradicional) los mantuvo cerca de la madre, permitiendo el contacto piel con piel para calmar el síndrome de abstinencia. Los bebés a su cuidado abandonaban el hospital antes que los que recibían tratamiento farmacológico. [2]

En los meses que siguen al nacimiento, la madre y el bebé se enamoran debido a que el contacto piel con piel estimula la oxitocina, a veces conocida como la hormona del amor. Se trata de los designios de la naturaleza para la supervivencia humana. Para algunos, la unión puede ser instantánea; para otros, se construye lenta y gradualmente a lo largo del tiempo. [3]

Es por esto por lo que separar a la mamá del bebé durante el cuarto trimestre o fase de enamoramiento es algo que puede tener consecuencias. Para el bebé, la pérdida temprana de la cercanía con su madre se codifica como una profunda amenaza. La separación de la madre es la principal causa de estrés neonatal y puede manifestarse como un aumento de la frecuencia cardíaca y de la presión sanguínea y como una disminución de la saturación de oxígeno en la sangre. [4]

Las mochilas para bebés que permiten transporta al niño justo sobre nuestro pecho no son solo un sistema práctico de transporte, sino verdaderas fábricas de oxitocina. Cuanto más contacto y proximidad haya, más oxitocina. Los estudios demuestran que los bebés que tienen un regular contacto con sus progenitores por lo general tienen cerebros más grandes y mejores que aquellos que no.

Por otra parte, la oxitocina también crea una reacción biológica en la madre que puede ayudar a disminuir la ansiedad y permite que pueda centrarse en el cuidado del niño y no preocuparse por dejar de lado otras cosas. La oxitocina le ayuda a querer interactuar con su bebé y satisfacer sus necesidades. La naturaleza concibe que el vínculo afectivo es tan importante que ha creado un sistema que genera una sensación placentera y nos desacelera.

La oxitocina se libera en momentos como la lactancia, el parto, un abrazo o un orgasmo que están concebidos para forjar vínculos.

La oxitocina es la causante que tras un encuentro sexual queramos permanecer junto a nuestra pareja o que las madres quieran estar solo junto a sus bebés sin importarles quién es el que se encarga de hacer cualquier otra tarea, como limpiar la cocina.[5]

Desgraciadamente muchas personas desconocen esta magnífica hormona y cómo potenciarla. De hecho, aquellas madres que ponen a sus bebés en cunas o hamacas, en lugar de tomarlos en brazos, se están perdiendo experimentar el placer que provoca esta «fórmula mágica» que además refuerza los vínculos afectivos.

Separar a los bebés de sus madres interrumpe la segregación de esta hormona que es fundamental para generar el vínculo afectivo entre ambos. Muchas veces, empleados domésticos o los familiares, con la mejor intención, separan a los bebés de las madres para que puedan «descansar» sin darse cuenta de que con esto interrumpen esta potente conexión.

Por otro lado, las políticas que solo conceden seis semanas de licencia por maternidad no ayudan a este proceso de vinculación. La madre y el bebé necesitan estar cerca el uno del otro —envueltos en neurohormonas— el mayor tiempo posible. Al igual que el «flechazo de amor» que experimentamos en nuestras interacciones románticas, ese enamoramiento que siente la madre con el recién nacido tiene un propósito sumamente importante: establecer un vínculo seguro entre ambos y sentar las bases para un apego óptimo durante los tres primeros años de los niños.

La persona que se encarga de cuidar a un bebé sea quien fuera, necesita mucho apoyo en los primeros meses y años de vida del niño. En otras palabras, las mismas madres necesitan ser «maternadas». No entender esto pone en peligro tanto a la madre como al niño.

Tradicionalmente, las mujeres recibían el apoyo de otras mujeres de su comunidad; sin embargo, en el mundo moderno, vivimos distanciadas y separadas unas de otras y este tipo de asistencia se ha vuelto poco frecuente. Contar, por ejemplo, con la figura de una *doula* en el posparto es una manera de mitigar este periodo abrumador, ya que si una madre tiene a alguien que se dedica a alimentarla, a cuidar a otros miembros de la familia y hacer las tareas domésticas, ella puede concentrarse en lo que es más importante: formar un vínculo con su bebé.

Además de la oxitocina, tras el parto la hipófisis de la madre libera prolactina que es la hormona encargada de regular la producción de leche. Cada vez que el bebé se amamanta, la estimulación del pezón libera prolactina, lo que provoca intensas sensaciones de amor, devoción y relajación en la madre. La succión del bebé también estimula hormonas que proporcionan una sensación de felicidad. En el bebé también se produce la liberación de esta hormona y es la encargada de facilitar la digestión. [6]

Suelo utilizar el término *nutrir* en lugar de *amamantar* ya que los bebés no solo se alimentan al momento de tomar el pecho, sino que muchas veces buscan consuelo. Nutrir tiene implícito el acto de dar contención afectiva ya que incorpora los abrazos, arrumacos o el contacto visual. Hay que tener en cuenta que esto no se produce solo al dar el pecho, mecer al bebé, cantarle y darle cariño mientras se le da el biberón genera la misma liberación de oxitocina y permite el vínculo y el apego.

La ciencia de nutrir o amamantar es asombrosa, pero también puede ser ardua. Algunas de las dificultades que aparecen en la lactancia como la obstrucción de los conductos lácteos, la dificultad que puede tener el bebé para prenderse al pecho hace que perseverar en el intento de dar el pecho muchas veces se haga muy cuesta arriba. Es importante que las madres que puedan y decidan dar el pecho tengan paciencia y apoyo para aprender a reconocer las necesidades del bebé. La presión que puedan sentir por no estar realizando otras obligaciones o por volver al trabajo pone en peligro el proceso de vinculación que madre e hijo necesitan.

Aprender de los animales

El cuidado del bebé debería ser instintivo, pero por desgracia, llevamos generaciones de mujeres que al no haber recibido la contención afectiva adecuada tienen dificultades para adaptarse a los designios de la naturaleza. Los expertos modernos en crianza no ayudan tampoco. Muchos orientan mal a los padres sugiriendo estrategias que exponen a los bebés y los niños a riesgos innecesarios, en concreto, a estar demasiado separados de sus madres.

Para contrarrestar esta orientación perjudicial, podemos aprender mucho sobre el cuidado del bebé estudiando a los animales. Investigadores y científicos estudian a los ratones, las ratas, los topillos de las praderas, las ovejas, los monos y otros mamíferos con estructuras cerebrales similares a las nuestras, para comprender mejor nuestras necesidades primigenias de pertenecer a nuestra madre y ser protegidos por ella.

Al igual que otros mamíferos, los bebés humanos utilizan el sonido, el olfato y el tacto para identificar a su madre y preferirla antes que a cualquier otra persona. Los mamíferos maternos también tienen el instinto de permanecer cerca de sus crías, de limpiarlas y protegerlas de cualquier daño y a no ser que estén impedidas por una situación extrema, no dejan a sus crías llorando solas.

La investigación de Michael J. Meaney con ratas que han tenido crías demuestra que los cuidados maternos tienen una gran influencia. Cuando las ratas madre lamen y acicalan con frecuencia a sus crías, provocan que se activen genes que protegen a los pequeños del estrés futuro. Esta protección materna temprana dura hasta la edad adulta. Sin embargo, cuando se priva a las crías de estos cuidados, los mismos genes permanecen inactivos.[7] Así pues, los cuidados maternos tempranos alteran de forma permanente las regiones cerebrales que regulan la reactividad al estrés. La investigación de Meaney refleja los hallazgos de la Organización Mundial de la Salud sobre la importancia de la atención materna para el crecimiento y el desarrollo de bebés y niños[8].

La investigación de Meaney tiene un gran alcance para comprender cómo las alteraciones del vínculo afectivo pueden transmitirse de generación en generación de madres a hijas. Meaney descubrió que la separación maternal temprana obstaculizaba la capacidad de las crías de cuidar a su propia cría en el futuro. Las crías de madres que lamían más y amamantaban más no solo mostraban una capacidad significativamente mayor para manejar el estrés, sino que también cuidaban a sus propias crías del mismo modo. Las conclusiones de Meaney explican por qué las mujeres que se sienten seguras con el amor de su madre tienen más probabilidades de tener hijos seguros, así como de disfrutar de amistades y relaciones románticas estables a lo largo de la vida.

Las investigaciones sobre lo que ocurre cuando internan a los niños pequeños en instituciones también aporta evidencia contundente sobre la importancia de una relación favorable y estable entre el tutor y el niño para la salud de los pequeños y su desarrollo cognitivo y social. Los niños pequeños criados por grupos o instituciones suelen tener problemas de crecimiento: tienden a enfermarse más, exigen más atención y tienen dificultades para relacionarse con otros niños. [9]

Los estudios han demostrado que, para la supervivencia de los bebés, el contacto amoroso puede ser igual de fundamental que el alimento. Muchas de vosotras seguramente estéis familiarizadas con el famoso trabajo que Harry Harlow realizó con el mono Rhesus. [10] Harlow diseñó dos muñecos que se utilizarían como modelos artificiales de madres. El primero era una modelo de alambre, frío y duro y el otro era tela blanda y acogedora. Ambos tenían un biberón para que los monos se acercaran a alimentarse.

Expuso a las crías de mono a ambas situaciones por grupos, unos iban con la madre sustituta de alambre y otros con la madre sustituta de tela suave. ¿Qué fue lo que sucedió? Que las crías pasaban más tiempo con la madre blanda, y se acercaban tanto si necesitaban alimentarse como si no. Harlow intentó retirar el biberón de la madre de tela para ver si los bebés preferían a la madre de alambre, que seguía ofreciéndoles leche, pero solo se acercaban para alimentarse y luego volvían con la madre sustituta de tela. El estudio de Harlow también reveló que los bebés acudían a las madres de tela suave para obtener consuelo. Si «ella» estaba allí, los bebés monos se mostraban curiosos y contentos. Sin embargo, al retirarla, los monitos se quedaban paralizados, acurrucados en un ovillo, chupándose los pulgares.

Influencias epigenéticas

La doctora Rachel Yehuda, directora de estudios sobre estrés traumático del Hospital Mount Sinai, de Nueva York, descubrió que los hijos de sobrevivientes del Holocausto comparten sintomatología de estrés postraumático con sus padres y abuelos.[11] Yehuda también descubrió que los bebés nacidos de madres que desarrollaron el trastorno de estrés postraumático (TEPT) después de los atentados de las Torres Gemelas compartían síntomas de angustia como la facilidad de perturbarse ante ruidos fuertes y personas desconocidas.[12] Como la mayor parte de la transmisión epigenética es matrilineal, esta investigación nos ayuda a comprender cómo se pueden transmitir las emociones de una madre a sus hijos. Según Bruce Lipton, investigador y académico de la Facultad de Medicina de Stanford, «las emociones de la madre, como el miedo, la ira, el amor, y la esperanza, entre otras, pueden alterar bioquímicamente la expresión genética de la descendencia».[13]

La investigación de Lipton y Yehuda tiene vastas implicancias para comprender esta idea de carencia de amor materno ya que, aunque el propósito de tu madre fuera darte contención afectiva, protegerte y orientarte, sus angustias no sanadas o sus esperanzas frustradas pueden haber dejado huella en tu alma. Quizá estés cargando con una tristeza o rabia que empezaron con tu madre o tu abuela, como explica Mark Wolynn: «Cuando tu abuela estaba embarazada de cinco meses de tu madre, la célula precursora del óvulo del que te desarrollaste ya estaba presente en los ovarios de tu madre. Esto significa que incluso antes de que tu madre naciera, tu madre, tu abuela y los primeros rastros de ti estaban en el mismo cuerpo».[14]

La *epigenética* se refiere a una modificación de la expresión de los genes más que a un cambio en el código genético real.[15] La cultura, la dieta y el estilo de vida pueden alterar la expresión de los genes. Las alteraciones genéticas pasan de madre a hija y a nieta y se adaptan al entorno. Dado que tu madre biológica fue tu primer entorno, si ella estaba estresada, tenía sentimientos ambivalentes, se encontraba abrumada o arrastraba sus propios traumas sin sanar, es posible que hayas heredado sentimientos de ansiedad mucho antes de experimentarlos por tus propias experiencias vitales.[16]

El colecho

Las madres desean estar junto a sus bebés por un motivo: la cercanía garantiza tener más posibilidades de que el bebé sobreviva. Esto es obra de nuestro cerebro y cuerpo mamíferos. Los bebés que no pasan suficiente tiempo con su tutor principal son vulnerables. Como explica Erica Komisar: «Negar la función física y emocional tan específica y especial de una madre para con su hijo, sobre todo cuando intentamos ser modernos, no redunda en beneficio de los niños ni de sus necesidades».[17]

Muchas veces las madres se ven bombardeadas de consejos erróneos sobre las necesidades de los bebés y los niños pequeños, por ejemplo, respecto al sueño. Es muy importante comprender qué significa para un bebé o para un niño dormirse. Para un bebé o un niño pequeño, dormirse es un momento de separación de su madre o de su cuidador. Los bebés no han cambiado desde que cazábamos y recolectábamos, pero, por algún motivo, nuestro mundo moderno pretende que duerman solos en su cuna durante muchas horas. Solo en tiempos recientes han ganado reconocimiento los fundamentos científicos que respaldan la proximidad entre la madre y el bebé durante el sueño.[18]

Estamos aprendiendo, o volviendo a aprender, acerca del sueño infantil, y lo normal es que los bebés se despierten con frecuencia. Están diseñados para sentir la proximidad del cuerpo de la madre para poder sentirse tranquilos y reducir las hormonas que genera el cuerpo cuando siente peligro, de manera de poder conciliar el sueño. Además, cuando los bebés están en la etapa de lactancia y realizan tomas frecuentes durante la noche es mucho más sencillo para ambos estar cerca.

La sensación que tiene un bebé cuando se lo aparta de su madre es de peligro. Muchos padres no se dan cuenta de lo perjudiciales que pueden ser estar muchas horas sin contacto para los recién nacidos.[19] Erica Komisar explica con detalle las ventajas que tiene para la madre y el niño dormir uno junto a otro (en la misma habitación o en la misma cama, reconociéndose mutuamente a través de los sentidos) hasta los seis meses o el año. Komisar afirma que la seguridad durante la noche es incluso más importante que la seguridad durante el día, sobre todo, cuando la madre ha estado fuera todo el día.[20]

En su libro *Nighttime Parenting* (El colecho), el doctor William Sears explica cómo y por qué los bebés duermen de forma diferente a los adultos. Los pequeños están concebidos para sobrevivir, por lo que se despiertan fácilmente para corregularse con su madre. Sears explica que los bebés que se despiertan y se dan cuenta de que están solos se sobresaltan, lo que produce un aumento de la adrenalina y del ritmo cardíaco que lleva al llanto y les genera una dificultad para volver a dormirse. También explica que los bebés que duermen junto a la madre rara vez lloran por la noche y tienen menos ansiedad nocturna, además de experimentar, ya en la edad adulta, menos trastornos del sueño.

A excepción de los niños cuyos cuidadores abusan de alguna sustancia, ya sea alcohol o tabaco, los bebés desarrollan una fisiología sólida estando cerca de sus padres durante la noche. Por ejemplo, como los recién nacidos no pueden regular su propia temperatura corporal, los bebés que duermen con sus padres tienen temperaturas corporales más estables. Además, el dióxido de carbono exhalado por el progenitor estimula los patrones respiratorios del bebé, y los pequeños que duermen cerca de sus madres tienen menos pausas respiratorias en comparación con los bebés que duermen solos.

Tanto el doctor James McKenna, investigador del sueño infantil en Notre Dame y autor de *Safe Infant Sleep: Expert Answers to Your Cosleeping Questions* (Sueño seguro del bebé: respuestas expertas a preguntas sobre el colecho), como el doctor Sears señalan la baja incidencia del síndrome de muerte súbita del lactante en los países en los que el colecho es la norma.[21]

El doctor McKenna señala entre 45 y 60 millones de años de evolución de los primates y sugiere que las actuales «prácticas euroamericanas de cuidado infantil, y la capacidad de nuestros bebés para adaptarse a estas prácticas... sugieren que estamos exigiendo demasiado de su capacidad de adaptación (y, de hecho, de la adaptación de las madres), con consecuencias perjudiciales para la supervivencia a corto plazo y la salud a largo plazo».[22]

El doctor McKenna explica que las recomendaciones de las autoridades que afirman que el colecho no es seguro se basan en los pocos progenitores que se ocupan irresponsablemente del cuidado de sus bebés durante la noche. Es como decir que, como unas pocas personas no saben gestionar sus tarjetas de crédito, no se debería permitir a nadie tenerlas.

En su opinión, cuando se hacen recomendaciones sobre el sueño, no se tiene en cuenta a los progenitores cuidadosos. Las pautas del doctor McKenna afirman que compartir la habitación puede ser una forma segura y sencilla de colecho, porque el cuidador principal y el bebé permanecen dentro de un mismo rango sensorial.[23] «Esta forma de colecho es segura para todas las familias, y sería, a mi juicio, la forma de dormir estándar y preferida, especialmente para bebés que no amamantan»[24].

Está claro que las condiciones físicas y sociales que rodean a los bebés y a sus cuidadores determinan hasta qué punto es arriesgado o beneficioso dormir juntos y qué tipo de colecho se puede probar (y subrayo lo de *probar*, porque aprender a que todos consigan dormir bien durante la noche es un proceso que requiere creatividad y experimentación).

Sin duda son muchos los expertos que coinciden en que compartir el espacio para dormir favorece el proceso de vinculación, lo que podría explicar por qué el doctor Sears ha descubierto que los padres que optan por el colecho crían niños con mayor autoestima, menos ansiedad, facilidad para el afecto y mayor independencia.

Parto

El parto es una experiencia intensa para una mujer, y abre un portal psíquico hacia partes más profundas de sí misma. Si sus propias experiencias tempranas con su madre biológica fueron positivas, es posible que los sentimientos de alegría invadan su cuerpo y su cerebro al dar a luz a una nueva vida. Está psicológica y biológicamente preparada para la unión.

Todo lo contrario puede ocurrirle a una mujer que haya recibido un cuidado inadecuado o nocivo en los primeros años ya que cuando una mujer da a luz, la amígdala (el área del cerebro a cargo de regular la respuesta al miedo y el estrés) se enciende de forma natural y se conecta y permanece conectada para mantener a la madre alerta ante las necesidades de su bebé. De modo que las mujeres que no se han sentido acogidas por sus madres a edades tempranas que ya viven en un estado de alerta excesiva, este aumento de respuesta de la amígdala puede desencadenar un torrente de pánico durante los primeros meses del vínculo, y perjudicar gravemente su salud mental.

Vulnerables y expuestas, estas mujeres tienden a albergar elevadas sensaciones de soledad, desesperación y aburrimiento en los primeros días con sus recién nacidos y las emociones oscuras y la hipervigilancia interfieren en el vínculo afectivo y ponen al descubierto la historia de la propia etapa inicial de la vida de la madre. El parto puede ser traumático para las madres y los bebés. En los hospitales, la contención afectiva puede frustrarse por una urgencia médica que requiera una separación temprana de la madre y el bebé. Cuando esto ocurre, es probable que surjan dificultades con la alimentación, lo que añade estrés a un momento ya de por sí vulnerable. Un análisis detallado de los traumas del parto excede el alcance de nuestra conversación, pero señalaré que la angustia posparto se intensifica cuando el nacimiento y el parto son traumáticos.

Además, la angustia posparto puede aumentar cuando una mujer está alejada de su propia madre o tiene una madre que no la apoya o que ya no está viva. En estos casos, se pierde la fuente más importante de consuelo durante este rito de paso. En mi opinión, esta carencia de afecto materno cuando no está identificada ni tratada puede ser una de las principales causas de depresión y ansiedad posparto.

Separación

Durante los tres meses que siguen al embarazo, las madres experimentan emociones intensas que acompañan la lactancia, la recuperación del parto y todos los cambios que conlleva la maternidad y uno de los mejores remedios para la ansiedad y la angustia maternas durante este periodo es la proximidad física con el bebé. El contacto piel con piel estimula hormonas que calman tanto a la madre como al bebé, atenuando la ansiedad y el estrés de ambos, además de aumentar la producción de leche y favorecer la relajación.

Como ya hemos dicho, este es un periodo en donde es esencial que exista un apoyo para la madre de manera que tenga la disponibilidad para poder pasar la mayor cantidad de tiempo con el bebé.

Las necesidades de otros hijos, las presiones financieras, los horarios de trabajo o la falta de apoyo de la pareja pueden generar que el tiempo de separación entre madre y recién nacido sea demasiado prolongado y que esto interfiera en la consolidación del vínculo y por ende en el tipo de apego, generando consecuencias físicas y psicológicas para ambos de por vida.

Pero ¿qué significa estar demasiado tiempo separados? Erica Komisar tiene una perspectiva interesante sobre las separaciones entre madre e hijo:

«Los momentos más dolorosos para los niños pequeños son las idas y venidas de sus madres. Los bebés necesitan seguridad, regularidad y previsibilidad por parte de sus madres, especialmente en los momentos de transición, como cuando se despiertan, se acuestan a dormir o se levantan de una siesta; se trasladan hacia o desde la guardería o el centro preescolar; y pasan del juego al baño, del baño a la cena, y de la cena a la hora de dormir».[25]

La cultura actual dominante valora más trabajar fuera del hogar que *maternar*, lo que deja a las mujeres en conflicto a la hora de decidir cuál es la mejor manera de hacer ambas cosas. No es raro que las madres se sientan confundidas acerca de las prioridades, la forma de gestionar el tiempo entre sus actividades personales y la crianza de sus hijos e incluso de qué es lo que deben hacer para que sus hijos se sientan orgullosos de ellas.

Si bien esto es totalmente comprensible, es importante recalcar que durante los primeros años es primordial que las madres puedan sentirse libres de este tipo dudas. Los pequeños solo quieren estar con sus madres, no les importa para nada su desarrollo profesional ni su currículum.

Está comprobado que la angustia que le genera al bebé separarse de su madre con demasiada frecuencia termina teniendo consecuencias problemáticas. Un bebé no está preparado para estar aislado en una cuna cuando ha estado acostumbrado al sonido de los latidos del corazón de su madre durante nueve meses. Los bebés no entienden que mamá necesita hacer un viaje de negocios o que le prometió a papá una noche romántica. Cuando un bebé está separado de su madre demasiado tiempo, a menos que haya un cuidador conocido y cariñoso que reemplace esa ausencia, el cerebro primitivo lo registra como una amenaza, y el cerebro infantil aprende de lo que siente.

Un bebé que no está junto a su madre puede sentir la amenaza de una pérdida que activa su sistema nervioso liberando adrenalina y hace que aparezcan los llantos, los temblores o los gritos como señales de angustia. El exceso de adrenalina hace el organismo del bebé se ponga en estado de lucha o huida y esto no es algo que sea bueno que un niño experimente. Las separaciones prolongadas de un familiar desencadenan estos poderosos procesos neuroquímicos.

El hecho de que algunos expertos les digan a los padres que los bebés que lloran son manipuladores es una verdadera barbaridad. Este tipo de comentarios ignorantes explica el gran número de adultos con apego inseguro. «La forma más natural que tenemos los seres humanos de calmar nuestra angustia es que nos toquen, nos abracen y nos acunen. Esto... nos hace sentir invulnerables, seguros, protegidos y en control de la situación».[26]

Animar a los padres a dejar solos a los bebés y a los niños para que se calmen solos desafía las leyes de la naturaleza. Estamos creados para conectarnos unos con otros y la capacidad de tranquilizarse a uno mismo es una habilidad de nivel avanzado que solo se desarrolla con el tiempo y de forma natural una vez que se han establecido los vínculos seguros con nuestro entorno primogénito.

Cuando las madres y los cuidadores son conscientes del poder de la contención afectiva y la necesidad de que esto ocurra sobre todo durante los primeros años de vida, se creará un vínculo seguro que no deja lugar al vacío que genera la falta de amor materno.

RECUPERAR EL CUIDADO MATERNO

Cuando te sientas preparada, puedes comenzar a sanar la falta de contacto físico materno. Para esto, comienza por imaginar cómo te hubiera gustado que te tocara tu madre cuando eras pequeña. ¿Te hubiera gustado que te acariciara el cabello? ¿Quizá que te rascara la espalda? ¿O que se sentara en silencio junto a ti? Puedes practicar darte a ti misma este tipo de caricias con suavidad para tranquilizarte y recuperar el cuidado que no tuviste de tu madre.

A mí me resulta útil empezar con *reiki*, especialmente, cuando no estás segura de si quieres hacer este tipo de práctica. Si tocarte el cuerpo te estimula demasiado, intenta movimientos suaves con un masajeador ligero de cuero cabelludo o un cepillo seco hasta que te sientas más cómoda cuidándote a ti misma de manera regular.

La siguiente es una práctica de *reiki* que puedes intentar de noche, cuando te metes en la cama, o cuando tienes tiempo y estás en un lugar donde te sientas segura.

Para empezar, siéntate o recuéstate y frota una mano contra la otra hasta que sientas el calor que proviene de la energía que llevas dentro. Aguarda hasta que sientas un cosquilleo. Cuando lo sientas, coloca ambas manos sobre la coronilla, manteniéndolas a unos pocos centímetros o tocando la cabeza con ligereza. Quédate así hasta puedas sentir el cosquilleo como una lluvia cayendo sobre tu cabeza. Disfruta de la sensación. Percibe la sensación de tibieza en la coronilla.

Cuando el calor de tus manos se haya enfriado, vuelve a frotarlas y acércalas a tus ojos cerrados sin tocarlos. Con las manos tocándose ligeramente, coloca una mano sobre cada ojo. Siente el calor. ¿Es más intenso que en la coronilla de la cabeza o menos intenso? Cuando se enfríe la energía, haz lo mismo en la zona del cuello y la garganta. Nota cómo responde tu cuello al calor de tús manos. ¿Sientes que brota alguna emoción?

Si no sabes dónde colocar exactamente las manos puede que te sientas incómoda. No te preocupes... se trata de una práctica; no tiene que ser perfecta. En el caso de que tu estilo de aprendizaje sea visual, hay un diagrama útil que publica la Clínica de Cleveland, en el que ilustra la secuencia de las posiciones de *reiki*.

Puedes continuar descendiendo por la columna vertebral, colocando las manos sobre tu abdomen y luego tu pelvis, notando las emociones que surgen de cada chakra al prestar atención a ti misma. Quizá tengas deseos de llorar. Quizá te sientas en calma. Quizá te duermas antes de terminar. Advierte si te irritas o te aburres con este ejercicio. Recaba información. Intenta tocar tu propio cuerpo en sesiones breves cada vez que puedas. Con el tiempo y la práctica, puedes modificar la respuesta de tu cuerpo al tacto físico y reducir tu deseo de encontrar sustitutos poco saludables.

4

CUIDADO SUSTITUTO

¿Qué ocurre cuando el bebé se ve privado de cuidados maternos o estos se ven comprometidos? La privación de cuidados maternos lleva a buscar un sustituto: alguien que pueda asumir el papel de cuidador principal. Cuando se dispone de otro cuidador sensible y confiable, como una pareja, una niñera a tiempo completo o un abuelo, los bebés y niños pequeños pueden beneficiarse de la seguridad relacional incluso cuando sus madres no están disponibles. Pero si no hay un adulto que pueda satisfacer las necesidades de cuidado y protección, los pequeños deben armarse de resiliencia para afrontar solos los angustiosos cambios que conlleva la vida fuera del útero.

En general encuentran formas de sentirse seguros, aunque no lo estén, y se tranquilizan a sí mismos mediante sustitutos del amor materno que les falta. En palabras de Tara Brach, profesora de meditación, autora y psicóloga: «Cuando tenemos necesidades insatisfechas, estamos programados para satisfacerlas de otra manera».[1]

La mayoría de las veces, las adaptaciones de la personalidad y el comportamiento para compensar cuidados maternos inadecuados sucede cuando los niños son tan pequeños que nadie se da cuenta de ello. Padres bienintencionados, que llevan una vida ajetreada, pueden pasar por alto las señales que les indican que sus bebés están aprendiendo a desconfiar de los vínculos humanos.

¿Qué es un bebé «bueno»?

Suele llamarse «buenos» a los bebés que no lloran ni se quejan. Los bebés «buenos» duermen toda la noche y no molestan. Me entristece oír a los padres hablar así. Los patrones de sueño no tienen nada que ver con si un bebé es «bueno» o «malo». Los llantos infantiles no son indicios de mal carácter. La biología impulsa el llanto para que la persona que está a cargo se acerque: los bebés lloran porque es su manera de comunicarse. La comunicación es fundamental para crear vínculos, y los vínculos son fundamentales para la supervivencia.

Si bien algunos bebés nacen con un temperamento pacífico o tranquilo, la idea de que un bebé «bueno» es un bebé tranquilo es una noción ignorante y cruel. Esperar que un bebé duerma toda la noche sin necesitar a su madre es una malinterpretación desafortunada del desarrollo infantil y de la capacidad de respuesta de los padres. Aunque muchos recién nacidos duermen bastante durante las primeras cuatro a seis semanas, la mayoría se quejará y llorará más a medida que se acostumbra a la vida extrauterina y necesita más apoyo para conciliar el sueño.

Los bebés no están preparados biológicamente para dormir como los adultos y es natural que se despierten con frecuencia para comer o ser consolados. Los bebés no necesitan ningún tipo de entrenamiento para dormirse cuando están cansados ya que el sueño, como el hambre, es algo natural.

Cuando un bebé tiene hambre o se siente solo, llora, y como ya hemos explicado, al llorar los latidos del corazón aumentan rápidamente y se libera adrenalina[2] que produce una respuesta natural de lucha o huida.

Los adultos suelen resolver los picos de adrenalina acudiendo a un restaurante, buscando comida en la nevera o llamando a un amigo para conversar. En los bebés, esto se manifiesta llorando.[3] La naturaleza nos impulsa a la acción con potentes neuroquímicos.

Una madre receptiva alivia al bebé antes de que este se inquiete demasiado. Si no es así, el bebé intensificará sus protestas y comenzará a llorar más fuerte. Se trata de la biología en acción, no de un bebé caprichoso.

Es posible que si los bebés no reciben una contención sensible y receptiva ante su llanto dejen de hacerlo y pierdan la capacidad de comunicarse cuando necesitan algo. El llanto constante es demasiado duro para un cuerpecito vulnerable y el cese del llanto al no recibir respuestas es un ejemplo de cómo un bebé se adapta a la falta de cuidado. Por eso es muy posible que un bebé tranquilo sea un bebé resignado.

Los bebés que experimentan una falta de respuesta de manera regular —como cuando se los entrena para que duerman solos o se aplica el método de dejarlos llorar— acabarán por hacerlo. Entrenarlos para dormir puede, ciertamente, enseñarle al bebé a callarse, pero esto no va a generar un buen apego, ni esto está vinculado con el cuidado materno que el bebé necesita.

El cuidado materno, la necesidad humana más primitiva para lograr un desarrollo sano, requiere una atención sensible y receptiva para que la conexión humana sea natural y el desarrollo resulte óptimo. El cuidado materno y el entrenamiento para dormir no son compatibles. Aislar a un bebé para dormirlo es lo contrario del cuidado materno.

Los especialistas en sueño infantil sostienen que los bebés pueden tranquilizarse solos, pero demuestran una profunda falta de conocimiento neurobiológico. Esta información es muy perjudicial para los padres y madres primerizos. Los bebés no pueden calmarse por sí solos ya que esta es una función avanzada en el desarrollo que se produce mucho más adelante. De hecho, la mayoría de los adultos no saben cómo calmarse a sí mismos. Si los adultos prefieren dormir en pareja, ¿cómo se pretende que un bebé duerma solo?

Lo que parece que es un niño calmándose a sí mismo, como cuando se chupa el dedo, es en realidad una conducta de *autorregulación*, un término científico que se refiere a hacer frente al aislamiento. Pero estas conductas las llevamos a cabo en un momento de apuro y son necesarias para poder gestionar un problema, pero no como fórmula para sustituir una relación.

Y los que profesan ser especialistas en sueño, especializados en bebés, no tienen un método en el que los niños aprenden a calmarse a sí mismos de un modo amable y respetuoso cuando llega el momento de hacerlo.

Es muy probable que el bebé aprenda a autorregularse utilizando algún objeto, o realzando algún comportamiento del tipo chuparse el dedo, como decíamos antes, y lo que los especialistas en sueño no dicen es lo que sucede cuando se le intenta quitar al niño el sustituto que esté utilizando para calmarse, no les dicen que el esfuerzo que tendrán que hacer para calmarlo será muchísimo mayor.

Tengo muchos ejemplos dolorosos de mujeres adultas que recuerdan cómo se burlaban de ellas por chuparse el dedo cuando llegaba la hora de ir al colegio. He comprobado que es muy frecuente que las mujeres conserven su primera manta o peluche, si han podido hacerlo, ya que los padres suelen esconder o deshacerse de estos sustitutos del apego temprano con el propósito de que su hijo sea más independiente, lo cual responde sencillamente a una falta de información y resulta desgarrador, y deja una profunda huella de desconfianza.

Muchísimas mujeres me han contado la misma historia que le han dicho sus padres para explicarte el porqué de la desaparición de estos objetos: «No sé qué le ha pasado a tu peluche» (o manta o muñeca). El problema es que ellas sabían que esto era mentira y el dolor y la rabia latentes permanecen muy vivos décadas después cuando comparten el recuerdo de la pérdida.

Esperar que un bebé se tranquilice a sí mismo puede estar más vinculado con la necesidad de los padres de tomarse un descanso o con las expectativas culturales de los padres, que con el bienestar del bebé. Es comprensible. El cuidado de un bebé es una tarea desafiante, frustrante y difícil, pero tomarse demasiados descansos puede, a la larga, resultar contraproducente.

Aislar a un bebé para entrenarlo con el propósito de que se duerma ejerce una presión desmedida sobre el sistema nervioso en desarrollo, que lo único que necesita para hallar consuelo es conectarse con otro ser humano. Si el bebé debe calmarse a sí mismo con demasiada frecuencia, a medida que el niño crece necesitará otros sustitutos para autorregularse (azúcar, alcohol, fantasía o sexo), porque está aprendiendo que debe satisfacer sus propias necesidades en lugar de depender del consuelo que le da su cuidador.

Cuando la separación es demasiado frecuente y prolongada, el cuerpo del bebé entiende que las cosas van realmente mal, y empieza a responder con un bloqueo emocional, con el propósito de amortiguar el dolor y el miedo. La respuesta de bloquearse emocionalmente es un escalón por debajo de las protestas, como llorar y gritar, en el tronco encefálico. Cuando se activa este sistema inferior, el bebé se calla y se adormece. La respiración se vuelve más lenta. Su cuerpo puede aflojarse y puede parecer visiblemente resignado. El bebé que bloquea sus emociones puede parecer un bebé «bueno», pero en realidad se trata de un bebé que está aprendiendo a rendirse. Está aprendiendo que sus necesidades no serán satisfechas, que no se puede confiar en la conexión humana. Esta lección dolorosa no tendrá un buen desenlace a medida que vaya madurando.

Cuando la falta de amor materno empieza a dejar huella

Cuando somos bebés indefensos, el sufrimiento provocado por el hambre hace que busquemos a nuestra madre, ya que ella es nuestro alivio. Completamente dependientes de sus cuidados le «hablamos» con todo nuestro cuerpo: nos retorcemos, gemimos o lloramos. Es la forma que tiene la naturaleza de acercar a mamá. Cuando ella responde con leche y calor, todo va bien. La leche y la madre traen placer, y aprendemos que una barriga llena, las caricias de nuestra madre, su voz y su olor son todo lo mismo. Así es como la conexión humana se asocia con el placer y eso hace que queramos más. Por tanto, el hambre y el vínculo afectivo están unidos por la biología.

Puede afirmarse categóricamente que las mujeres que han sufrido una falta de amor materno tienen problemas con la comida y las relaciones humanas. Jamás he visto un problema sin el otro: es solo cuestión de averiguar cuál de los dos problemas resulta más doloroso.

Desde las primeras experiencias del cuidado materno, la comida y el amor quedan enlazados en la memoria implícita. Piensa en la última vez que estuviste realmente hambriento. ¿Qué sentiste? ¿Cuánto tiempo toleraste el hambre antes de comer algo? El hambre duele. El dolor surge de la nada. Desde muy adentro, un lugar que no puedes ver, el dolor del hambre reclama tu atención. La adrenalina te impulsa a la acción, así que buscas comida.

Si los gritos de hambre solían ignorarse cuando eras un bebé o una pequeña, o si tu madre no disfrutaba alimentándote, o las otras personas que te alimentaban no sabían muy bien cómo hacerlo, el placer de formar vínculos quedó afectado. Es posible que para ti la sensación de satisfacción y de placer se relacionen con la sensación física de la saciedad, pero no con el contacto humano. La comida proporciona alivio del dolor, pero no una relación: así es como nos enamoramos de la comida.

Cuidado inadecuado

Nada más nacer, a Josie la pusieron en la habitación de su hermana mayor, que con apenas diez años tenía la responsabilidad de preparar los biberones, calentarlos y alimentar a Josie durante toda la noche. Si bien una hermana mayor puede disfrutar haciendo esto durante una o dos noches, una criatura de diez años sigue siendo una niña que necesita dormir. Una pequeña de diez años no puede reemplazar a una madre.

—¿Sabes por qué le dieron esta tarea a tu hermana? —le pregunté a Josie.

No estaba segura.

—Yo era la última de seis, así que tal vez mamá y papá no me querían.

Ahí está: la creencia implícita que tiene un niño cuando el cuidado materno es inadecuado: «No me aman». Esta creencia se convierte en parte de su mapa de amor interno e inconsciente que guiará su vida y su imagen de sí misma.

En el libro transformador de Geneen Roth, *When Food Is Love* (Cuando la comida es amor), la autora afirma que «muchos de nosotros llevamos tantos años utilizando la comida para reemplazar el amor que… no reconoceríamos al amor ni siendo arrollados por él».[4] Roth vincula la poderosa conexión entre la comida y el amor que es intrínseca a la falta de amor materno. Esta conexión resulta tan fuerte no porque la comida sea realmente amor, sino porque es nuestra primera experiencia de amor. Cuando el cuidado materno se ve comprometido, la comida proporciona la primera sensación de verdadero consuelo. La comida rescata un corazón hambriento. Tal vez esto explique por qué, para muchos de nosotros, comer es mucho más que una simple respuesta al hambre. Comemos cuando nos sentimos solos, estresados o atemorizados. Comemos cuando estamos aburridos, cansados o avergonzados. Los rituales de la comida son ventanas al alma. Si quieres conocerte mejor, fíjate en cómo y cuándo comes.

Las mujeres que han sentido esa carencia de amor materno tienen un conflicto con la comida porque la privación materna requería que buscaran consuelo en otro lado. Algunas evitan comidas y restringen calorías para sentirse fuertes o seguras, o para llamar la atención. Morirse de hambre es una de las formas más básicas de compensar la sensación de impotencia. Otras son más propensas a excederse, siguiendo esa voz interior que promete que una pizza lo arreglará todo. Comer en exceso y no comer lo suficiente son formas de enmascarar la angustia interna y de anestesiar el vacío que el cuidado materno no pudo llenar.

Comer como una forma de lenguaje

El hambre es una experiencia humana, así como también lo son los dolores provocados por el hambre. Las mujeres que no han recibido cuidado materno crecen hambrientas de amor y comida, por lo que suelen confundir ambos. De hecho, la soledad desencadena un deseo en el cerebro que es similar al hambre física.[5] Considero los hábitos alimentarios inadecuados como señales de una desesperación muda. Los patrones alimentarios cuentan la historia del apego de los primeros años, así que me fijo en ellos.

Staci Sprout, clínica y autora de *Naked in Public* (Desnuda en público), lo explica maravillosamente bien: «La comida se convirtió en mi consuelo, mi placer, y reemplazó el afecto y el contacto».[6] Las palabras de Staci reflejan el modo en que la comida se convierte en una relación primordial, sustituyendo el cuidado materno. Del mismo modo, en la impactante autobiografía *Hunger* (Hambre), Roxane Gay habla de la relación entre la comida y el amor. Cuenta cómo visitar a su familia le provoca un fuerte deseo de comer: «Cuando estoy en casa tengo mucho más que hambre. Soy un animal. Estoy desesperada por que me den de comer».[7] Para muchas de las mujeres que atiendo, volver a casa despierta añoranza, rabia y hambre. Es como si estar cerca de mamá le recordara al cuerpo el sentimiento de rechazo y tristeza. Dice Gay: «Empiezo a desear comida, cualquier comida. Tengo impulsos incontrolables de comer compulsivamente para satisfacer el creciente dolor, para llenar el vacío de sentirme sola con personas que se supone que me aman».[8]

Acto de escape

De pequeña, Nadine solía tener miedo. Se crio en un hogar con dos progenitores y un hermano mayor. Su padre siempre estaba enfadado. Su hermano era un matón, y su madre estaba demasiado distraída para prestarle atención. Nadine recuerda que la hora de la comida era especialmente penosa. Recuerda a su padre criticando a su madre y a la comida. En la mesa, él prefería el silencio. Si alguien hablaba, su ira se desataba. El hermano de Nadine solía provocar una pelea, y su madre solía levantarse de la mesa llorando. Nadine solo deseaba que todos se callaran para que su padre no se enfadara con su hermano ni hiciera llorar a su madre. Para sobrellevar la angustia, se concentraba en su plato. No apartaba los ojos de la comida.

Cuando le pedí que recordara a qué sabía la comida, dijo: «Me gustaba. Si me esforzaba lo suficiente, casi podía olvidar que había alguien allí». Nadine era una niña muy hábil: encontró la manera de calmar su miedo. Concentrarse en comer calmaba su sistema nervioso. Pero con el tiempo, esta práctica se convirtió en algo automático. Básicamente, Nadine aprendió a aislarse metiéndose en un trance alimentario, una zona en la que no existía nada más que la comida que había en su plato.

La estrategia de Nadine para regular el miedo la acompañó hasta la edad adulta. Como madre, Nadine sigue prefiriendo comer sola. Se prepara la comida y se la lleva a su habitación. Sus hijos comen solos en sus habitaciones, acompañados de ordenadores y teléfonos, y su marido hace lo mismo. La comida y la tecnología reemplazan la conexión humana en esta familia, replicando el aislamiento del primer hogar de Nadine.

La comida es una forma poderosamente eficaz de regular las emociones cuando esto no se logra mediante la conexión humana. Según mi experiencia, ayudar a las mujeres a reorganizar el vínculo alimentario primigenio que está siendo utilizado para reemplazar el cuidado materno de los primeros años requiere tiempo y mucho cuidado. Tiene sentido si comprendemos que comer en exceso o abstenerse de comer está relacionado con la respuesta de lucha o huida, una forma de escapar del dolor. Incapaces de abandonar la mesa familiar, o atrapadas con una provisión secreta de azúcar. Algunas niñas descubren de muy pequeñas que la comida les proporciona prácticamente una vía para huir de sentimientos intolerables. Los planes de alimentación no suelen funcionar porque las normas se sienten como una privación y activan la pérdida primigenia.

Sabemos que la comida y el cuidado están relacionados. Cuando un amigo está enfermo, le ofrecemos comida. Para celebrar un día festivo nacional o un logro, compartimos una comida. Pero la falta de afecto durante la infancia distorsiona la conexión entre la comida y el vínculo afectivo, y da lugar a lo que la doctora Alexandra Katehakis denomina la «estrategia para obtener consuelo sin contacto».[9] Recibir consuelo sin contacto o consolarse a sí mismo es lo que aprenden los bebés cuando hay demasiada privación materna. Por eso resulta tan arriesgado entrenar a un bebé para que duerma y puede terminar siendo una trampa para que se aparezcan conflictos más adelante. A medida que el niño crece, la comida sustituye el chuparse el dedo o morderse los dedos.

Trance alimentario

La conducta alimentaria desadaptativa se convierte en un hábito no relacional que suple el cuidado materno inadecuado. Las restricciones o los excesos tienen que ver con el anhelo: el de ser amados y de estar a salvo. Ambos hábitos alimentarios son formas de la respuesta de lucha o huida. Cuando no tenemos un sentimiento de seguridad y pertenencia, el miedo está siempre presente, por lo que comer en exceso y no comer son maneras de anestesiar ese temor. Cuando la comida sustituye el cuidado materno, puede detenerse el proceso de maduración. Oculto bajo el afán de comer o morirse de hambre, hay una pequeña que espera a que le den amor y protección.

Como adultas experimentadas, las mujeres comen o restringen los alimentos sin ser conscientes de que ese temor infantil aviva el vínculo insano con la comida. Los patrones alimentarios desadaptativos pueden ser vividos como si en realidad le sucediera a otra persona. Debbie, una de mis pacientes, me explicaba: «En medio de la noche, aparece otra parte de mí que se arrastra hasta la cocina, se atiborra de todo lo que encuentra y vuelve a la cama. Por la mañana me levanto hinchada y con dolor de estómago y a veces no recuerdo por qué... hasta que voy a la cocina y encuentro el desastre».

Para Debbie comer a altas horas de la noche ocurre como si estuviera en un trance. Actualmente separada de quien fue su esposo durante 32 años, vive sola por primera vez en su vida. De noche los miedos infantiles que no ha sanado se convierten en pesadillas, y se despierta sudando y temblando. Llevamos un tiempo explorando juntas por qué le sucede esto.

Debbie creció con una madre desdichada que podía ser muy fría y crítica. Debbie hacía todo lo que podía para complacerla, pero nunca parecía ser suficiente. Un día parecía que era la mejor amiga de su madre y, de pronto, al siguiente hacía algo que a su madre no le gustaba y esta se enfurecía. Debbie nunca terminaba de estar segura de cuál iba a ser la reacción de su madre ni el porqué de su disgusto. Recuerda la tortura que era sufrir la ley de hielo que su madre aplicaba cuando se enojaba. Un silencio frío que utilizaba como castigo y que podía durar días. De pequeña, Debbie pasaba horas sola en la habitación, escondida bajo las sábanas, esperando ser perdonada por lo que fuera que hubiera hecho mal. Entonces comía. Guardaba una reserva secreta de galletas, chocolate y gominolas en su armario, detrás de un impermeable, donde nadie miraba jamás. Era su propia farmacia.

Ahora, a los 54 años, Debbie siente la misma desesperación que sentía de pequeña. Su matrimonio se ha ido a pique, tiene pocos amigos y se preocupa constantemente por sus hijos y sus nietos. Pero me explica que su mayor fuente de sufrimiento es su relación con la comida y el odio que siente por su cuerpo. «Jamás seré feliz hasta que pierda peso. Es lo único que realmente importa. Pienso en ello todo el día, todos los días». La batalla interna que libra Debbie me resulta lógica. Es más fácil luchar con la comida que enfrentar el dolor por sentir la falta de amor materno.

Como muchas mujeres adultas, Debbie planteó su vida para complacer a su madre. Fue a la universidad que eligió su madre, se casó con el hombre que su madre quería para ella y permaneció en la ciudad natal de su madre. Cuando tuvo sus propios hijos, Debbie los entrenó para que se portaran bien con el propósito de que su madre se sintiera orgullosa, pero aun así su madre estaba descontenta. Como hija obediente, Debbie jamás se enojó con su madre, pero comía.

Debbie inició su tratamiento conmigo un año después de que su madre hubiera muerto, lo cual es muy común. A veces, resulta imposible enfrentar este trabajo terapéutico cuando la madre está viva. En la actualidad, Debbie está aceptando la profunda furia y tristeza que siente respecto a su vida. Aunque su madre ya no está, Debbie sigue sintiéndose como una niña mala. Su cuerpo entero reacciona como si estuviera traicionando a su madre cuando me habla sobre su infancia, su cara se sonroja y se puede apreciar su incomodidad en cómo aparta la mirada. Se trata de reacciones normales que sienten muchas mujeres al recordar momentos en los cuales han sentido esa falta de amor materno y empiezan a expresar lo que realmente han sentido.

Cuando Debbie me habla sobre la comida y su sentimiento de odio hacia su propio cuerpo, me vienen a la cabeza las palabras de Geneen Roth: «Tratamos nuestros cuerpos como si fueran el enemigo… como si la privación, el castigo y la vergüenza llevaran al cambio».[10]

En realidad, el cambio que necesita Debbie no está vinculado con la comida. A medida que sana la herida generada por el vínculo con su madre, va perdiendo de manera natural el peso que le hacía sentirse incómoda con su cuerpo. A medida que enfrenta el dolor, recibe apoyo y reemplaza el cuidado materno que no tuvo, por lo que su cuerpo se va convirtiendo en su hogar.

Al final de este capítulo hay un cuestionario que establece la conexión entre el cuidado materno, la comida y el amor de un modo más concreto. Aprovecharás mucho más lo que viene a continuación del libro si te tomas unos minutos para responderlo. Si sientes que todavía no estás preparada, no te preocupes y hazlo en compañía de una amiga en la que confíes o con tu terapeuta.

Cuidado a través del tacto

Los bebés necesitan afecto materno como las plantas necesitan agua: sin él se marchitan. Si la madre no brinda los cuidados necesarios, los bebés encuentran otras formas de satisfacer esta necesidad primigenia. Cuando esta falta se prolonga en el tiempo, estos bebés desamparados se convierten en niñas que son verdaderos sabuesos en busca de consuelo, si tienen suerte, se acurrucan a resguardo con sus hermanos, otras madres, padres, abuelos, animales de peluche o mascotas: cualquier cosa que sea cálida y suave.

Las palabras de Caroline explican esta conducta de sustitución. Cuando era pequeña, la madre no la dejaba dormir con su peluche. Caroline me comentó en una ocasión: «De pequeña odiaba la oscuridad de la noche y me daba mucho miedo. Mi madre no me permitía dormir con mi peluche porque así no aprendería a ser independiente». La madre de Caroline, como muchos otros padres, temía equivocadamente que dejar que su hija durmiera con su peluche iba a hacer que no se convirtiera en una persona dependiente, pero no se puede obligar a un niño a ser independiente, es inútil. Una niña aprende a ser independiente cuando tiene una conexión segura con su madre, y Caroline no la tenía. Ella recuerda la soledad de su cama y su anhelo de consuelo. Sin su peluche se chupaba el pulgar, acariciaba su almohada y solo podía fantasear con que era rescatada.

En *Being There* (Estar allí), Erica Komisar escribe sobre la importancia de los objetos de transición y dice: «Respeta la necesidad que tiene tu hijo de mantas, peluches y/o chupetes que te representan y representan la seguridad que proporcionas en tu ausencia… Si tu hijo adopta naturalmente un objeto transicional, te resultará más fácil ausentarte durante breves periodos de tiempo».[11]

Privación de contacto

La falta de cuidado materno conduce a la niña a una privación de contacto. Mucho antes de que las niñas a las que les ha faltado el cuidado materno crezcan y tengan acceso a las drogas y el alcohol para aliviar sus cuerpos ávidos de contacto, se tocan a sí mismas. Antes de pasar hambre o darse un atracón o purgarse, se tocan entre ellas. Antes de cortarse, quemarse o golpearse, satisfacen sus apremiantes necesidades de cariño y contacto con hermanos, mascotas o cualquier cosa que sea cálida y suave.

Las niñas pequeñas carentes de afecto materno son especialmente vulnerables a personas que pueden acercarse y aprovecharse de ellas, al estar tan necesitadas de afecto son capaces de aceptar resignadamente caricias maliciosas porque eso es mejor que nada. De esta manera pueden pasar décadas hasta que se descubra el abuso sexual temprano. Invadidas por la vergüenza, las mujeres me cuentan historias de cómo sentarse en el regazo de un tío o tocarle el pene a un abuelo no les parecía algo malo. También es frecuente que recuerden cómo se frotaban con sus hermanos o hermanas, o contra colchones, sillas y mesa, a pesar de intuir que era algo que no estaba bien. Como la comida, el placer del orgasmo alivia el hambre emocional.

La madre de Caroline la envió a un campamento de verano cuando ella era muy pequeña. «Odiaba los bichos, el lago y la comida que servían. Era como una pesadilla». Caroline recuerda sus veranos añorando refrescos de uva y barritas Snickers y afecto. «Me quedaba mirando a las chicas que tenían el pelo largo y bonito y parecían tan seguras de sí mismas. Quería ser como ellas. Para gustarles hacía cualquier cosa. A veces, nos escabullíamos dentro de una cabaña vacía. Nos besábamos y nos tocábamos. Era increíble. No quería que terminara nunca».

Escucho este tipo de historias con frecuencia. Chicas jóvenes, acurrucadas en el oscuro refugio de las fiestas de pijamas, explorándose en privado, buscando afecto antes de que vuelva la luz del día y las devuelva a madres frías que las rechazan. El afecto erótico entre las niñas suele tener poco que ver con la orientación sexual y con frecuencia proviene de la falta de ese contacto seguro que debería proporcionarle la madre. Somos criaturas muy ingeniosas y, de un modo u otro, a medida que crecemos y nos desarrollamos, encontramos formas de satisfacer las necesidades humanas esenciales.

Casi nadie habla de las chicas y la masturbación y, sin embargo, es uno de los primeros y más fuertes sustitutos que las pequeñas descubren para reemplazar el contacto de una madre. La autoestimulación, al igual que chuparse el dedo, es una forma astuta de regular el miedo cuando anhelas que te reconforten.

Contacto no deseado

Hay que tener en cuenta que no todas las caricias maternas son agradables. Cuando las caricias de mamá son incómodas (sexuales) o invasivas (agresivas), resulta algo realmente doloroso y para sobrellevarlo las hijas bloquean el deseo de estar cerca de otros. La respuesta no es una decisión voluntaria, es una reacción del cuerpo al abuso.

Las madres bañan, alimentan, visten y desvisten a sus hijas. Estos momentos de intimidad dan a una niña información sobre su cuerpo y el valor que tiene. Cuando el contacto materno es de algún modo irrespetuoso, deja un impacto a largo plazo.

En su libro *A Mother's Touch* (Caricias de madre), Julie Brand cuenta cómo su madre abusó de ella. Recuerda las siestas y lo extraño que resultaba tener a su madre en la cama, tocándole el cuerpo, por más que no hubiera violencia ni dolor físico.

Cuando trabajo con mujeres que comparten antecedentes similares, describen las caricias de su madre como desagradables o intensas, pero no las identifican como abuso porque no hacían daño, pero además porque las caricias de una madre son «normales» o familiares.

Cuando las hijas experimentan caricias inadecuadas por parte de sus madres, la vergüenza las mantiene en silencio. De adultas, estas mujeres sienten muy poco deseo de estar cerca de sus madres. Impulsadas por el deber, pueden seguir siendo serviciales, leales y cercanas, pero sienten alivio cuando su madre muere. Sentir alivio no es lo mismo que sanar. Sin un tratamiento, estas mujeres pueden repetir inconscientemente las caricias de su madre con parejas que les pueden resultar dañinas y autolesiones.

Cuando las mujeres hablan del abuso sexual, el agresor suele ser un miembro masculino de la familia. El libro transformador de la doctora Christiane Northrup *Women's Bodies, Women's Wisdom* (Cuerpo de mujer, sabiduría de mujer) relaciona el abuso sexual de un padre con su hija con la futura adicción al sexo y al afecto. Del mismo modo, en *Women, Sex, and Addiction* (Mujeres, sexo y adicción), la autora y terapeuta Charlotte Davis Kasl relacionó el abuso sexual con el afecto y el sexo adictivo. Al igual que Northrup, Kasl apunta a los hombres. «No se puede exagerar el papel que desempeñan los padres en el desarrollo de la adicción femenina al sexo. Las niñas siguen el ejemplo de sus padres porque quieren que esa energía especial, es decir, las miradas de sus padres, se dirijan hacia ellas. El deseo de tener un padre cariñoso y afectuoso que no sexualice la relación está profundamente grabado en el corazón de la mayoría de las mujeres». [12]

Aunque estoy de acuerdo con Kasl en que una niña quiere ser especial para su padre, afirmar que las niñas siguen el ejemplo de sus padres revela cierto desconocimiento sobre la importancia de la relación madre-hija. Si una hija recibe el cuidado, la protección y la orientación de su madre, es menos vulnerable a los comportamientos nocivos de su padre. Y puede que no necesite tanto de su tiempo o de su aliento. Su amor es un añadido, pero ella ya tiene la seguridad que le da el amor de su madre.

Kasl parece reconocer esto más adelante en el libro cuando escribe sobre su obsesión por un amante, Sam. «Sabía que mi atracción hacia Sam había vuelto a despertar la parte de mí que aún se sentía terriblemente herida por mi madre». [13] El proceso de Kasl refleja lo que he visto una y otra vez: la identificación del abuso o la negligencia materna no es inmediata, sino que sucede con el paso del tiempo. Es como si estuviéramos protegidas y no pudiéramos saberlo hasta que estamos realmente preparadas para ello.

Quizá enfadarse con nuestro padre por nuestras dificultades sea más fácil que señalar a mamá porque nuestra cultura valida el comportamiento abusivo de los hombres antes que el de las mujeres. O quizá sea incluso algo más primigenio y que, desde un punto de vista psicológico, podría resultar una mayor amenaza perder la aprobación de una madre que la de un padre. Sin duda, es una combinación de estos complicados factores.

Intolerancia a la intimidad

El contacto físico doloroso, vergonzoso o inexistente de una madre puede provocar la aversión al contacto físico en relaciones íntimas durante la adultez. Las mujeres hablan de tener respuestas automáticas a sus parejas románticas, que parecen surgir de la nada, como una reacción alérgica. Yo llamo a esta reacción involuntaria *intolerancia a la intimidad*. Cuando alguien se acerca demasiado, la intolerancia a la intimidad te provoca un poco de náuseas. Su proximidad emocional te resulta desagradable o irritante. En *Naked in Public* (Desnuda en público), Staci Sprout lo describe muy bien cuando dice: «Normalmente, odiaba tocar a otras personas... Siempre que lo intentaba, sentía una sensación extraña y urticante y un impulso urgente de apartar la mano con brusquedad». Para Staci, tocar a alguien le producía un «sentimiento de amargura» que ocultaba una «necesidad atroz y permanente».[14]

Si el concepto de intolerancia a la intimidad te resulta familiar es posible que sientas necesidad de cierto tipo de amor, pero te sientas confusa por el hecho de no haber recibido nunca ese amor. Tal vez halles consuelo en la fantasía y te resulten suficientes los cambios químicos que se producen en tu cuerpo al imaginar a un amante perfecto. Por este motivo, estás más cómoda en relaciones en las que el otro tiene apego evitativo, pues no amenazan tu umbral de intimidad.

CUESTIONARIO ✎

De niña, ¿te incentivaban a comer cuando no tenías hambre? ¿Te obligaban a comer alimentos que no te gustaban?

_____

_____

_____

De niña, ¿te privaban de comer cuando tenías hambre? ¿Te negaban tus comidas favoritas?

_____

_____

_____

¿Cómo se estructuraban los momentos de las comidas en tu familia? ¿Quién cocinaba? ¿Se comía en familia o comías sola?

_____

_____

_____

De niña o adolescente, ¿te llevaste comida a escondidas alguna vez? ¿Te dabas atracones? O, por el contrario, ¿limitabas lo que comías?

_____

_____

_____

¿Cómo identificas cuando tienes hambre? ¿Qué sensaciones tienes?

_____

_____

_____

¿Cuál es tu comida favorita? ¿Por qué?

_____

_____

_____

Escribe tres palabras que describan lo que sientes respecto a la comida.

- _____

- _____

- _____

Escribe tres palabras para describir lo que sientes respecto a tu sexualidad.

- _____

- _____

- _____

Ahora revisa las palabras que escribiste para la comida y la intimidad sexual. ¿Son las mismas? ¿Son diferentes? ¿Por qué?

_____

_____

_____

5

AGUAS TÓXICAS

Los problemas que trae aparejados la falta de amor materno no surgen de la nada, se originan y se transmiten dentro de una cultura que niega la necesidad humana de vincularnos unos con otros, y que prioriza a los hombres sobre las mujeres, lo que nos sumerge en un panorama mucho más amplio. Las mujeres vivimos atemorizadas y frecuentemente dudamos de nuestra capacidad para protegernos a nosotras mismas y a nuestras hijas, pero antes de hablar de la protección, una de las cosas principales que las madres trasmiten a las hijas, tenemos que echar un vistazo al contexto cultural que hace difícil que una madre proteja a su hija.

La protección es un atributo humano positivo que garantiza la supervivencia de una especie. Simbólica y literalmente, el amor materno representa la protección, interponiéndose entre el niño y las adversidades de la vida. Una criatura puede soportar muchas amenazas si sabe que su madre está a su lado para protegerla. El término *mamá osa* alude al instinto universal de protección que gobierna la fisiología femenina y que se activa cuando una mujer se convierte en madre.

Concebidas para garantizar la supervivencia de la siguiente generación, las madres experimentan una mayor actividad neuroquímica, que incrementa la atención y la búsqueda de cercanía. La protección materna forma parte del plan de la naturaleza para mantener a salvo a bebés y niños mientras que son demasiado vulnerables para protegerse a sí mismos.

Por desgracia, las influencias culturales pueden opacar los designios de la naturaleza. ¿Qué tipo de mundo hace que le resulte difícil a una madre proteger a su hijo? La respuesta a esta pregunta implica una discusión sobre el patriarcado, un término que significa en griego «gobierno del padre».

Llevo treinta años escribiendo y enseñando sobre el patriarcado, la misoginia y la construcción del género. Así que cuando me topé con la entrevista de Anjali Dayal en el programa de radio *On Being* (Acerca de lo que somos), me entusiasmó su explicación clara y actual. Dayal, por entonces investigadora del Instituto para la Mujer, la Paz y la Seguridad, de la Universidad de Georgetown, compartió el discurso de graduación de David Foster Wallace «This is Water» (Esto es agua) para subrayar su postura. En la anécdota de Wallace, dos peces jóvenes nadan y se encuentran con un pez mayor que le pregunta a la distancia: «Buenos días, chicos. ¿Cómo está el agua?». Los dos peces jóvenes siguen nadando un rato antes de que uno de ellos mira al otro y dice: «¿Qué demonios es el agua?».[1] El significado es claro: a menudo somos totalmente inconscientes del entorno que nos condiciona. Dayal relaciona de modo brillante el «agua» con el patriarcado:

> «El patriarcado es evidente en la violencia cotidiana contra las mujeres. Se refleja en las murallas que levantamos para protegernos: las pequeñas renuncias, las cosas que hacemos reflexivamente para evitar que nos lastimen mientras vamos de un lado a otro, todas las formas sutiles con las que nos protegemos de estar a solas con algunos hombres en oficinas y otros hombres en coches y todos los hombres en grandes edificios vacíos… Cada vez que ignoramos el comentario lascivo de un hombre en la calle o en un bar o en una fiesta, porque quién sabe cómo reaccionará si le respondemos… el

rápido vistazo a un vagón de metro cuando el tren entra en la estación para asegurarse de que hay suficiente gente y no estaremos solas si alguien nos amenaza, pero no tanta como para que nos metan mano sin saber quién es... mil transgresiones tan pequeñas y habituales que nunca se las contamos a nadie... porque *así es la vida*».[2]

El impacto psicobiológico, social y espiritual de criarse en aguas patriarcales significa que nos tragamos las ideas dominantes sobre las mujeres sin darnos cuenta. Incluso cuando esas ideas son perjudiciales, como mujeres nos convertimos en versiones del estereotipo de género. La forma en que la cultura nos ve es la forma en que nos vemos a nosotras mismas. Lo que la cultura siente por nosotras es lo que sentimos por nosotras mismas.

Interiorizar la ideología patriarcal no es un proceso cognitivo. No nos levantamos un día y decidimos devaluarnos. Es mucho más insidioso. Simplemente, nadamos en conceptualizaciones de la feminidad que nos dicen cómo comportarnos, qué imagen hemos de dar de nosotras mismas y a quién amar a medida que vamos creciendo y desarrollándonos. Y a veces lo aprendemos de nuestras madres.

Factores culturales que contribuyen a tener una «herida materna»

La creciente conciencia sobre la «herida materna» —una carga matrilineal que se manifiesta en las mujeres y se transmite de generación en generación— nos proporciona un marco de referencia para entender el origen de todos estos problemas que aparecen en las mujeres que han sido «criadas sin amor».

Las madres que cargan con su propia victimización la transmiten a sus hijas. El odio y el desprecio hacia sí mismas corrompen el vínculo madre-hija a medida que se comparte el odio hacia las mujeres. «La victimización de una madre no solo la humilla, sino que mutila a su hija, que la observa en busca de señales sobre lo que significa ser mujer. Al igual que la mujer china tradicional, que lleva los pies vendados, transmite su aflicción. El autodesprecio y las bajas expectativas de la madre se vuelven como jirones de tela que amarran la psiquis de la hija».[3]

El doctor Oscar Serrallach describe la transmisión de la herida materna explicando las fuerzas culturales que obligan a las mujeres a «interiorizar los mecanismos disfuncionales de afrontamiento aprendidos por generaciones anteriores de mujeres». Serrallach describe la herida materna como «el dolor y la angustia que crecen en una mujer al intentar explorar y comprender su poder y potencial en una sociedad que no le da cabida».[4]

El legado de la herida materna, transmitida de abuela a madre y de madre a hija, la creencia de que las mujeres son, de algún modo, inferiores a los hombres daña el vínculo entre nosotras a medida que transmitimos las creencias internalizadas que tenemos sobre nuestro cuerpo, valor y poder a la siguiente generación. Los procesos inconscientes y epigenéticos que nos enseñan a ser «femeninas» ocurren sin nuestro consentimiento.

Muchas luchamos contra la vergüenza corporal y las creencias limitantes: se trata de lecciones que recibimos de nuestras madres. Fuimos testigos de su aburrimiento y ansiedad. Las vimos traicionar a sus amigas y a ellas mismas. Como resultado, muchas de nosotras no tenemos ni idea de cómo o por qué tenemos dificultades; para nosotras es simplemente «normal».

#MeToo

Pareciera que cada década trae nuevos intentos por revertir la masculinidad tóxica y restablecer el equilibrio de poder entre hombres y mujeres. La masculinidad tóxica se construye sobre una falsa creencia en la superioridad de los hombres y aunque pueda parecer que ciertos hombres (hombres blancos, heterosexuales) se benefician de esta situación, la realidad es que la masculinidad tóxica perjudica también a los hombres, porque las reglas sobre lo que un hombre puede sentir, cómo puede comportarse o lo que debe lograr lo obligan a acceder de modo limitado a los sentimientos y la vulnerabilidad, justamente las cualidades que un hombre necesita para conectarse con su pareja, con sus hijos y consigo mismo.

En 1975, Laura Mulvey describió el concepto de mirada masculina —la forma en que, colectivamente, vemos a las mujeres como objetos— en su célebre ensayo «Placer visual y cine narrativo».[5] A través de los medios de comunicación, aprendemos colectivamente que las mujeres existen para el placer visual de los hombres; pero como todos miramos lo mismo, las mujeres aprendemos a vernos a nosotras mismas y entre nosotras de este modo: como objetos. Renee Engeln, profesora de psicología de la Universidad Northwestern, identifica el carácter perdurable de la mirada masculina y explica cómo el cuerpo femenino «es visto como algo que existe solo para hacer felices a los demás».[6]

La mirada masculina nos enseña que, para que nos presten atención, debemos estar arregladas y ser delgadas y jóvenes; debemos provocar, coquetear y exhibirnos, pero, paradójicamente, ser visibles nos hace vulnerables.

Las feministas de Estados Unidos acuñaron el término *cultura de la violación* en la década de 1970 para describir una sociedad en la que la violencia sexual está normalizada y se culpa a las víctimas del acoso y las agresiones sexuales. La cultura de la violación pone el énfasis en «no os dejéis violar» en lugar de «no violéis»[7].

Emilie Buchwald, Pamela Fletcher y Martha Roth, editoras de *Transforming a Rape Culture* (Transformar una cultura de la violación), describen la cultura de la violación como:

«… un sistema complejo de creencias que fomenta la agresión masculina y favorece la violencia contra las mujeres. Es una sociedad en que la violencia se considera *sexy* y la sexualidad, violenta. En la cultura de la violación, las mujeres perciben un proceso continuo de violencia amenazadora que va desde los comentarios y el manoseo sexuales hasta la violación en sí».[8]

Las noticias 24 horas incluye tanta cobertura de este proceso continuo que la violencia contra las mujeres parece inevitable. El movimiento #MeToo puso de manifiesto que, a pesar de la intensa labor de tantos años y de esperar que las cosas cambien, se puede seguir inmovilizando a una mujer a una cama, acorralándola en una fiesta o manoseándola mientras otros se quedan mirando de brazos cruzados.

Las mujeres intuyen que, aunque las noticias no traten sobre nuestra historia en particular, bien podrían hacerlo. Una cultura del miedo atraviesa la psique femenina y entorpece nuestra capacidad para mantenernos a salvo a nosotras y a nuestros hijos. Todo ello compromete el elemento maternal de la protección.

Pornografía

El fácil acceso a la pornografía suma dificultades a los padres que quieren proteger a sus hijos. La pornografía florece en la cultura de la violación, y ahora está disponible 24 horas al día, los siete días de la semana, en los dispositivos portátiles. Como resultado, los niños ven más pornografía que nunca. Una reciente encuesta británica reveló que el doce por ciento de los niños menores de doce años ve pornografía con regularidad.[9]

Aunque la pornografía puede ser un medio útil para que los adultos exploren partes postergadas de sus fantasías y preferencias sexuales, cuando los niños encuentran pornografía de modo accidental puede ser aterrador. La mezcla de miedo y excitación abruma al cerebro.

Mientras los defensores de los niños luchan por protegerlos del impacto adverso de la pornografía, una generación de niños que crece aprendiendo sobre sexo a través de la pornografía, a pesar de los esfuerzos de sus madres por protegerlos. La pornografía como educación sexual resulta problemática por muchas razones, que incluyen, pero no se limitan a una profunda falta de conocimiento acerca del género, la sexualidad, el poder y la intimidad emocional.

Gail Dines, autora de *Pornland* y presidenta y directora ejecutiva de Culture Reframed, considera que la infiltración extendida de la pornografía es una crisis de salud pública. Describe nuestra cultura de la violación moderna como una «cultura pornificada» y explica cómo el porno genera niños con menos empatía y más propensos a la agresión sexual. [10]

Alarma sexual

Las mujeres desarrollamos adaptaciones biológicas para soportar las constantes amenazas. Estamos preparadas para el peligro con una dosis regular de adrenalina y cortisol. A medida que crecemos, nuestra personalidad se desarrolla y adopta una especie de postura de defensa que podría explicar el porqué de que muchas nos sintamos enfadadas, o seamos ruidosas y agresivas, mientras que otras tengamos un comportamiento furtivo, retraído o hipervigilante. En su libro *The Sexual Alarm System*, Judith Leavitt explica que las mujeres estamos tan acostumbradas al temor sexual que, sin ser conscientes de ello, nuestros cuerpos están constantemente en guardia. Leavitt llama a esta adaptación el *sistema de alarma sexual* (SAS). El SAS nos mantiene en alerta máxima, preparándonos para «la posibilidad de ser abusadas», porque sabemos que es posible y «estamos alerta y atentas. De lo contrario, saldríamos a pasear a cualquier lugar y a cualquier hora de la noche, o viajaríamos libremente a cualquier parte del mundo, o no nos preocuparía que nos siguieran los hombres por la calle». [11]

«El SAS les grita a las mujeres que TENGAN CUIDADO. ¡Son presa fácil! A continuación, quedan programadas, activadas, sumidas en un estado de alerta máxima, y finalmente se retraen y se apagan. ¡Uf! Resulta estresante y agotador. ¡Y afecta muchos aspectos de la vida de las mujeres! La mayoría de los hombres no sienten el SAS porque, de hecho, no son presas sexuales».[12]

La personalidad a la defensiva empieza a una edad temprana. Desde pequeñas, aprendemos que no estamos a salvo porque nuestro cuerpo es un objeto que puede ser explotado y violado sexualmente. El sistema de alarma sexual es un producto de la cultura patriarcal.

Constantemente en guardia

Los instintos que nos piden calmar a alguien que tiene cierto poder, real o percibido, sobre nosotras limitan nuestras posibilidades de relacionarnos plenamente. Por este motivo, muchas de nosotras nunca hemos experimentado una relación romántica sana, porque la reciprocidad relacional es una experiencia extraña para nosotras.

Para nuestra propia protección, las mujeres «calmamos y complacemos» las necesidades de los otros ya sea con comida, sexo, adoración o incluso dinero. La necesidad de satisfacer a alguien poderoso es producto de la respuesta biológica de «bloqueo» que se activa: nos adaptamos al temor crónico y continuo.

Los cuerpos femeninos en el patriarcado están adaptados al peligro. Según la doctora Shelly Taylor, las mujeres responden de manera diferente al peligro que los hombres. En su innovador trabajo, ahora ampliamente conocido como la teoría de «cuidar y hacerse amigos», Taylor descubrió que las mujeres manifiestan más comportamientos sociales cuando se ven amenazadas.[13]

Antes de su estudio, publicado en 2000, suponíamos que la única respuesta biológica al miedo era la lucha o la huida, pero era información basada en la fisiología masculina. La investigación de

Taylor se centró en las mujeres (en lugar de en los hombres) y se propuso explorar si existían otras formas de responder al peligro.

En otro estudio sobre diferencias de género que se realizó a un grupo compuesto por mujeres y hombres, les informaron que deberían someterse a recibir una descarga eléctrica como parte del experimento. Las mujeres optaron por esperar su turno acompañadas por otros compañeros mientras que los hombres se dispersaron y esperaron solos. [14]

La teoría de «cuidar y hacerse amigos» cobra sentido cuando consideramos que las mujeres tienen más posibilidades de sobrevivir al permanecer unidas, al igual que sus hijos. [15] ¿A qué se debe esta diferencia de respuesta al miedo entre hombres y mujeres? No se sabe si es algo biológico o sociológico, pero, para entender las consecuencias psicológicas provocadas por la ausencia de una madre, no es relevante. De hecho, creo que las diferentes respuestas al miedo pueden estar relacionadas con nuestro estilo de apego tanto como con el género. De cualquier manera, la teoría de Taylor nos ayuda a apreciar el impacto que tiene para las mujeres el sistema de alarma ante una amenaza sexual y por qué las mujeres, en lugar de huir o luchar, socializan cuando se sienten amenazadas.

Someterse por defensa propia

Entender mejor nuestra respuesta al miedo nos permite ser más compasivas con nosotras mismas cuando, ante un enfado o una situación agresiva de un padre con los niños, nosotras intentamos calmarlo primero a él en lugar de contener y proteger a los niños. Esto se debe a que nuestra respuesta activa todos los recursos automáticos de supervivencia y determina rápidamente que esa es la opción más segura para todos.

Marissa Korbel, abogada del Centro de Derechos de las Víctimas y colaboradora mensual de *The Rumpus*, ofrece un ejemplo de la sumisión en acción. En su artículo titulado «Sometimes You Make

Your Rapist Breakfast: Inside the Controversial—and Often Confusing—"Tending Instinct" of Women» (A veces le preparas el desayuno a tu violador: análisis del «instinto de cuidar» controvertido, y a menudo confuso, de las mujeres), escribe:

> «Solo puedes apartar a un hombre de ti un número limitado de veces, solo se puede decir "ahora no, no gracias, no quiero" de una cantidad limitada de maneras. Yo también he tenido sexo que no quería porque el sexo era la opción menos mala, era una variable conocida, una táctica de reducción de daños. ¿Pelear y gritar y patear y chillarle a un hombre? Esta opción ofrece resultados desconocidos. ¿Me pegará? ¿Me soltará? ¿Pelearé y perderé?, y si pierdo, ¿tendrá sexo conmigo de todos modos, solo que más violentamente?»[16]

Korbel capta la esencia de la respuesta de sumisión. Someterse a otro puede ser menos arriesgado que luchar o huir. Así que podemos entender cómo rendirse ante una agresión sexual no deseada tiene que ver con la supervivencia, una estrategia ingeniosa y preconsciente de reducción de daños.

De niños, muchos aprendemos a volvernos dóciles con nuestra madre para reducir los daños. En lugar de arriesgarnos a tener una madre enojada, someternos a ella significaba que manteníamos la casa limpia, elogiábamos su aspecto, le hacíamos compañía o nos apartábamos de su camino si estaba irritada. Complacer y someternos es similar a una respuesta al trauma: es una reacción automática e inconsciente que puede convertirse en un rasgo de personalidad arraigado.

6

PROTECCIÓN

Las mujeres aterrorizadas son madres inseguras que fallan protegiendo a sus hijos. No es una cuestión de que no sientan amor, lo pueden hacer con locura y aun así ser incapaces de protegerlos.

Algunas madres son demasiado sobreprotectoras y sus hijas se pierden experiencias adecuadas para su desarrollo por culpa de ello, y otras, en cambio, son tan permisivas que sus hijas enfrentan desafíos no adecuados para su edad y para los cuales no están preparadas.

El equilibrio no es fácil de conseguir y más aún cuando las mujeres acarrean traumas no sanados al convertirse en madres. Al no ser consciente de sus propias heridas psicológicas una madre puede pasar por alto las señales que le indican que tanto ella como sus hijos están desprotegidos. También puede pasar que, por el contrario, tengan la sensación de que el peligro parece acechar a la vuelta de cada esquina, dejándola con la sensación de estar en vilo todo el tiempo. En cualquiera de los casos, las hijas se sienten agobiadas cuando sienten que no pueden contar con sus madres para que les brinden seguridad y protección.

Las primeras lecciones de seguridad y protección entre madre e hija pueden no ser mensurables o visibles, pero son poderosas. Empezando por el embarazo, los científicos están descubriendo que la ansiedad, el estrés y el miedo maternos pueden transmitirse al bebé en el útero, concretamente en el último trimestre.[1] Además, las heridas emocionales no reparadas que se arrastran de la propia crianza de la madre influyen negativamente en sus instintos maternales.[2]

El estrés y la ansiedad maternos transmiten inseguridad a la hija a través del tacto, los tonos vocales y los patrones respiratorios y, más adelante, a través de comportamientos y decisiones que ponen a madre e hija en peligro.

Para ilustrar el concepto de protección materna y cómo puede fallar, resulta útil fijarse situaciones extremas para entender ejemplos que pueden haber ocurrido en nuestra propia crianza. Tomaré como ejemplo el caso llamado *Dirty John**, basado en una historia real. Te recomiendo ver la serie para comprender mejor la dinámica que está en juego.

El caso de *Dirty John*

En la adaptación de Netflix de *Dirty John* tenemos una ilustración magnífica, aunque siniestra, de lo que sucede cuando las madres no pueden protegerse a sí mismas ni a sus hijas.

La miniserie ilustra cómo la transmisión intergeneracional de la misoginia puede dejar a las mujeres inseguras y vulnerables. La misoginia no es solo el odio manifiesto a las mujeres, sino también, según el diccionario de Cambridge, «la creencia de que los hombres son mejores que las mujeres».

En esta historia real vemos, de primera mano, el legado de una doble moral perjudicial que da prioridad a los hombres sobre las mujeres y cómo las mujeres participan en este desafortunado sistema, y lo perpetúan. Tres generaciones se ven afectadas por la misoginia sistémica transmitida con la ayuda de la ideología judeocristiana.

---

* Cunningham, Alexandra (2018). *Dirty John* [serie] Atlas Entertainment.

La transmisión intergeneracional comienza con Arlane, la esposa de un pastor. En una escena conmovedora y dolorosa, Arlane cita las sagradas escrituras a su hija Cindi para animarla a permanecer en un matrimonio infeliz. Como la mayoría de las hijas adultas, Cindi quiere el apoyo de su madre. Está considerando el divorcio, lo cual resulta abrumador como mujer cristiana. Las transiciones existenciales que carecen de un soporte cultural son duras, y el amor maternal facilita las cosas.

Cindi escucha a Arlane citando las escrituras y aconsejándole que siga casada con Billy. De esta manera, hace caso omiso a su propia intuición para complacer a su madre y ser una «buena» hija cristiana. Pero poco después, en una escalofriante demostración de maldad calculada, Billy asesina a Cindi. A pesar de que va a la cárcel por homicidio culposo, es liberado solo tres años después sobre la base del testimonio de Arlane, que manifiesta que «Sé que amaba a mi hija». Si bien la compasión y el perdón son admirables, la perversa tolerancia de Arlane tiene algo que no resulta convincente. A medida que se desarrolla la historia, vemos cómo la orientación de la mujer exhibe, de modo trágico, una misoginia sistémica que anula el instinto materno protector.

Arlane y Cindi son el trasfondo del personaje principal en la serie dramática de Netflix, Debra Newell, interpretada con maestría por Connie Britton. Debra es una mujer de 59 años, exitosa en los negocios, pero crónicamente decepcionada en el amor. Debra, al igual que su hermana Cindi, es un imán para los hombres peligrosos. Al comienzo de la historia, vemos cómo la seduce fácilmente John Meehan, interpretado por Eric Bana.

Debra ha estado casada y divorciada cuatro veces, pero su historial no parece detenerla cuando empieza a buscar citas por Internet y encuentra a John. Este no tarda en encontrar la forma de entrar en su vida. El público puede ver su estrategia depredadora a través de la mirada preocupada de las hijas mayores de Debra. En pocas semanas, la mujer se casa en secreto con John a pesar de las protestas de sus hijas, y su relación muestra los síntomas característicos de la adicción al amor.

La adicción al amor, como cualquier otra adicción, cumple ciertos criterios que indican cuándo un hábito se ha convertido en compulsión:

- Continuar el comportamiendo o el consumo de sustancias a pesar de sus consecuencias negativas. Debra es incapaz de dejar de ver a John a pesar de descubrir sus mentiras y de sufrir el alejamiento de sus hijas.
- Intentar abandonar una conducta o el consumo de sustancias sin éxito. Debra intenta dejar de ver a John tras descubrir sus motivos siniestros, pero no puede. A medida que crece su obsesión, se vuelve cada vez más incapaz de cuidar de sí misma y les miente a sus hijas, poniéndolas en peligro grave.
- Sentir ansiedad y síndrome de abstinencia cuando se intenta frenar un comportamiento o el consumo de sustancias. Debra rompe con John tras enterarse de su engaño, su adicción a las drogas y su historial de engaño a otras mujeres. Sin embargo, es incapaz de tolerar la separación y restablece el contacto con él.
- Mantener en secreto el comportamiento o el consumo de sustancias. Debra miente sobre su relación con John desde el principio. Oculta lo rápido que van las cosas, cuánto acceso le está dando a su vida personal y lo mucho que se ven comprometidas sus finanzas. Oculta haberse casado. Oculta esta información de su familia para poder estar con John.
- Aislarse de amigos y familiares para proteger la relación. Debra no tiene amigas y renuncia a las relaciones familiares por darle prioridad a John.

A pesar de los divorcios anteriores de Debra, ni ella ni su madre, Arlane, se muestran cautelosas cuando John se vuelve rápidamente una parte de su vida y de sus tradiciones festivas. Tanto la madre como la hija no demuestran ninguna capacidad ni inclinación por ir más lentamente y conocerlo ántes de incluirlo en la vida familiar. Se dejan seducir por su encanto. Pero las hijas de Debra no.

La mayor, Ronnie, está evidentemente obsesionada por los cuatro matrimonios anteriores de su madre. Su ira es explícita. Guarda una gran caja fuerte de metal en su armario, donde protege sus objetos de valor, y desprecia el romance reciente de su madre con John. Ronnie, que no siente remordimiento alguno por su postura defensiva, es la protectora. Ha adoptado el rol parental que su madre ha abandonado.

La hija menor, Terra, está preocupada por la relación, pero expresa su temor de modos muy diferentes a su hermana mayor. A diferencia de Ronnie, Terra intenta aplacar a su madre. Le suplica que no permita que John juegue con los primos menores durante la reunión de Navidad, explicando entre llantos que no es justo que los niños se encariñen con un hombre que terminará marchándose. Terra no puede pedirle a su madre directamente que deje de ver a John (como lo puede hacer Ronnie), así que intenta conmoverla.

En su petición tierna y completamente razonable, vemos el sufrimiento de Terra; conoce el dolor de las pérdidas que se repiten. Nos preguntamos cómo ha sido para ella encariñarse con cada padrastro anterior solo para ver cómo se marchaba luego, o esperar detrás de un nuevo hombre a que su madre le preste atención. Quiere que su madre comprenda —que las proteja a ella y a sus hijos de pérdidas innecesarias adicionales—, pero sus súplicas son en vano.

El papel de la madre como protectora está tan mal entendido que ni siquiera la intervención profesional advierte la desesperación de Terra. La terapeuta es incapaz de responsabilizar a Debra, y, en última instancia, triunfa la adicción al amor que Debra sufre. Hace caso omiso del pedido de Terra y permite que John haga un gran despliegue de regalos navideños para los primos pequeños. Al observar la escena, sabemos que no es la primera vez que hace oídos sordos a las necesidades de su hija para satisfacer las propias.

A veces las mujeres compensan su misoginia comportándose como aquellos que estando en una posición de poder lastiman a alguien más vulnerable. En el caso de *Dirty John*, el desprecio de Debra ante la simple petición de Terra es un ejemplo de ello. Debra ignora la llamada de protección de su hija. En lugar de escucharla y de tener en cuenta sus necesidades, pone sus propios deseos por delante del bienestar de su hija. Y cuando Terra reacciona visceralmente a la mala decisión de su madre, Debra se enfurece y se ofende. Se siente victimizada por el comportamiento de su hija y llega al punto de disculparse con John por la «descortesía» de su hija.

Pero la verdadera víctima de esta vacación navideña es Terra, que está llorando sola en una habitación trasera, tratando de entender la situación. Para agravar esta situación, Arlane intenta limar las asperezas adulando a Terra para que se reincorpore a la reunión navideña, en lugar de escuchar sus preocupaciones o de pedirle a John que se vaya. Tanto la madre como la abuela dan prioridad a John sobre Terra, enviando el claro mensaje de que las necesidades de este son más importantes.

Terra quiere complacer a su madre más que nada en el mundo, así que se seca las lágrimas, se suena la nariz y vuelve a la fiesta. Para obtener el amor de su madre, sacrifica su intuición y sus necesidades. Al final, en un impensable giro de los acontecimientos, está a punto de sacrificar su vida cuando John intenta matarla.

Ver esta historia cobrar vida es horrible en tantos sentidos, y no puedo dejar de pensar en Cindi siendo asesinada en manos de su marido mientras ve a Terra luchando por su vida. La incapacidad de Debra de proteger a Terra puede parecer una forma extrema de negligencia, pero resalta la naturaleza generacional de las mujeres incapaces de protegerse unas a otras del sexismo sistémico. Así es como empiezan todas las conductas producidas por la falta de amor materno.

Hermanas con necesidad de amor materno

Es muy común que las hermanas que tengan una madre incapaz de protegerlas empiecen a competir por cualquier amor disponible. Los niños desprotegidos crecen protegiéndose a sí mismos y llamando la atención, de manera que es muy frecuente que más que convertirse en aliados, suelan acabar como enemigos o, como mínimo, con una relación difícil de competencia y resentimiento.

En el caso de *Dirty John* vemos cómo, sin protección materna, las hijas se adaptan cuidándose a sí mismas lo mejor que pueden. Ronnie y Terra, cada una fuerte a su manera, hacen esfuerzos extraordinarios por preservar una conexión con su madre. Ronnie contrata a un investigador para salvarla de John, y Terra acude incansablemente a su madre en busca de consuelo y comprensión. A medida que cada una se empeña en conseguir el amor materno, la relación entre ellas se debilita.

He visto este patrón de tensión entre hermanos, una y otra vez, en casos en donde los hijos sufren la falta de amor materno. Muchas hermanas se convierten en adversarias en su intento por sobrevivir de modo individual a una madre que se comporta como una niña.

Cuando los hermanos intentan sobrevivir, no juegan. Rara vez se relajan. Uno se vuelve paternal; el otro se mantiene infantil. Otros asumen el papel de pacificador o de cómico. A veces, los niños sencillamente se esconden del caos y se repliegan en silencio dentro de sí mismos.

Aunque el drama de Netflix pone de manifiesto con acierto la incapacidad de Debra de protegerse a sí misma y a sus hijas, los críticos lo malentienden y desaprovechan una oportunidad para educar. Perpetuando la idea de que los chicos son «malos» cuando son desafiantes u oposicionistas, Heather Schwedel se refiere a Terra y Ronnie en la newsletter cultural de *Slate* como «totalmente descaradas» y perezosas.[3] Schwedel minimiza groseramente la lucha emocional que Terra y Ronnie han soportado. Utilizando lenguaje despectivo, la descripción de Schwedel perpetúa el hábito cultural de culpar a las víctimas. Sus afirmaciones de que las hermanas son «adolescentes malcriadas» pasa por alto la razón por la que se comportan así: tienen miedo. Un nuevo hombre con su madre es una amenaza. Saben, sin saberlo realmente, que están en peligro porque su madre no puede ni quiere protegerlas.

Madres vulnerables crean hijas vulnerables

Idealmente, la protección materna crea una fuente de seguridad interna en una hija. Pero no siempre sucede así. La historia de *Dirty John* puede parecer extrema, pero no es única. Generaciones de mujeres han sacrificado el bienestar de sus hijos mientras se ocupaban de sus parejas masculinas.

Lo vemos entre Debra Newell y sus hijas. Ella trata a sus hijas como adornos, queriendo que estén presentes en las reuniones familiares, pero sus necesidades cotidianas la irritan. Aunque es incapaz de ver o de respetar los sentimientos de sus hijas, se siente una víctima cuando ellas no pueden respetar los suyos. En una entrevista, la Debra de la vida real dice: «Pensaba que [John] iba detrás de mi dinero, por lo que no creía que mis hijas debían tener miedo».[4] Las palabras de Debra muestran un desprecio deliberado por los pensamientos y sentimientos de sus hijas. Es ciega al peligro al que las expone. Aunque la teología judeocristiana nos llama a «honrar a tu padre y a tu madre», a veces es imposible —y, de hecho, imprudente— «honrar a tu madre».

Neurocepción

Las madres que no protegen a sus hijas se dividen en dos categorías: la madre demasiado vulnerable y la madre amenazadora. En este capítulo analizaremos el primer tipo: la madre vulnerable.

(Examinaremos más de cerca el impacto de las madres amenaza-doras en el capítulo 8).

Cuando una madre tiene heridas de apego no reparadas de su propia infancia su capacidad de reconfortarse a sí misma o a su hija se ve afectada. Una madre emocionalmente frágil puede tener expresiones faciales que atemorizan a su hija o tonos de voz difíciles de escuchar. Una madre vulnerable se angustia fácilmente y no tolera que su hija tenga emociones intensas, sobre todo si son emociones negativas. Temiendo no tener una solución, una madre vulnerable puede apartarse de su hija para evitar la sensación de impotencia.

La neurocepción, un término de la teoría polivagal de Stephen Porges, es la capacidad del cerebro de distinguir el significado de los estados de ánimo y los comportamientos de los demás, y de captar y comprender las señales del entorno.[5] La neurocepción nos ayuda a determinar si una persona es segura o peligrosa. Una madre ansiosa, que sistemáticamente tiene miedo, puede afectar negativamente la neurocepción en desarrollo de su hija, que está vinculándose con la suya. Las hijas se emparejan o corregulan con sus madres. De este modo, madres e hijas comparten la ansiedad.

A través de los miles de pequeños gestos que intercambian entre los dos, las madres les comunican a sus bebés y sus hijos si el mundo es seguro o no. Las adaptaciones al miedo de la madre pueden inhibir la capacidad de la hija de jugar, aprender y sentirse cómoda haciendo amigos. La ansiedad le impide acceder a su sabiduría interior y a su intuición.

En los casos más extremos, una hija puede perder por completo la capacidad de detectar el peligro y no advertirá las señales de que alguien o algo no es bueno para ella. Cuando se daña la neurocepción materna, a veces las madres y las hijas terminan en peligro, como en el caso de *Dirty John*, en que Terra finalmente pelea contra John por su vida y Cindi se casa con un hombre que la mata. La neurocepción dañada nos ayuda a entender cómo sucede este tipo de tragedia.

Protección adquirida

Dentro de cada mujer adulta que no tuvo protección materna en los primeros años hay una niña asustada. Su ansiedad suele estar encerrada con firmeza bajo varias capas de una actitud defensiva. Yo llamo a esta actitud defensiva «protección adquirida». La protección adquirida se manifiesta de muchas maneras diferentes. Algunas chicas son agresivas, se mueven mucho, tienen voces enérgicas y exigencias frecuentes. Sus actitudes autoritarias hacen que las personas se hagan a un lado y tengan cuidado con ellas. En el otro extremo, algunas chicas parecen sumisas o complacientes; su postura corporal es encorvada o vacilante. Es posible que dejen que otros tomen decisiones por ellas.

Si te cruzas con una mujer que ha sepultado su falta de amor materno bajo férreas defensas, puede que no sepas que en realidad lo que tiene es miedo. Puede que parezca fuerte por fuera, pero bajo una apariencia cuidadosamente elaborada, los aspectos paralizados de su personalidad esperan recibir atención. Por un lado, es una niña asustada que anhela la protección materna. Por otro, es una adolescente enojada que tuvo que resolver las cosas sola.

Sin ser consciente de esto, una mujer que no tuvo protección materna en los primeros años puede sentirse atraída por figuras fuertes de autoridad que tienen estatus y riqueza, o puede trabajar intensa e incansablemente para construir su propia fortaleza financiera buscando la protección que no tuvo de niña.

Aunque una mujer con estos rasgos puede cuidar de sí misma, está cansada de hacerlo. Anhela que alguien tome el control y la libere de la responsabilidad, que le permita ser la niña que nunca pudo ser.

Las mujeres que crecen sin protección materna están acostumbradas a niveles elevados de miedo y ansiedad. Si esto forma parte de tu historia, has estado viviendo durante mucho tiempo con niveles altos de estrés, gestionando toda tu vida sola. Puede que tu resistencia esté agotándose. Debido a la falta de protección materna, te adaptaste de muy pequeña y una parte de ti aún puede sentirse, por momentos, como una niña temerosa.

Amar no es lo mismo que proteger

Como ya hemos comentado, muchas veces las personas se refieren a los bebés que lloran y a quienes cuesta calmar como «difíciles», cuando simplemente intentan comunicarse de la única manera que conocen.

A estos bebés se los considera manipuladores o desafiantes, cuando simplemente se están comunicando de la única forma que saben. Culpar a los niños pequeños por emociones primarias es una oportunidad perdida de conectarse con ellos.

Siendo ellos dependientes de sus relaciones humanas, los bebés y los niños pequeños no pueden crear un sentimiento de seguridad por sí mismos. Al igual que un árbol frágil necesita apoyo adicional cuando está recién plantado en el suelo, los bebés necesitan el apoyo de su cuidador principal.

Cuando una planta no crece de manera adecuada no le echamos la culpa, sino que analizamos la tierra, controlamos la luz que recibe o regulamos la cantidad de agua que le damos. En definitiva, nos encargamos de mejorar el entorno para que la planta se desarrolle. Pero con los niños, a veces invertimos el orden: pretendemos que un bebé recién nacido se adapte al entorno, aunque claramente no esté desarrollándose en él de manera adecuada. En lugar de darle la espalda o sentirse perseguida, una madre que está en sintonía con su pequeño podría preguntarse «¿qué necesita mi bebé?» e intentar calmarlo. Las madres protectoras utilizan crema solar, lavan las verduras y llaman al médico, pero estas son las tareas fáciles.

Cuando tenemos miedo, cambia nuestra percepción, se modifica nuestra voz y dejamos de sonreír. Los micromovimientos de nuestra cara se tensan. El miedo puede nublar la capacidad de una madre para prestar atención a las señales de su bebé o para estar presente cuando su hijo pequeño siente miedo.

Sarah Peyton, autora de *Your Resonant Self* (Tu yo resonante), explica este fenómeno diciendo: «Dado que el miedo saca a las personas del estado de presencia y las lleva a un estado de vigilancia, también las aleja de la posibilidad de prestarles atención a los matices de lo que le está sucediendo a otra persona».[6] ¿Pero, y si esa «otra persona» es un bebé?

La mayoría de las mujeres que conozco cerramos las puertas con llave cuando estamos en casa solas, tenemos las llaves a mano cuando nos dirigimos al coche y evitamos aparcar en sitios oscuros. Es aterrador vivir en un mundo en el que somos presas sexuales.

Las madres atemorizadas pueden comunicar que el peligro está cerca sin necesidad del lenguaje. Investigadores de la Universidad de California-San Francisco descubrieron que los bebés «captan» el residuo psicológico de la ansiedad y la angustia de sus madres.[7] Como ya hemos visto en la sección de imitación en el capítulo 1, sabemos que a los cuatro meses el bebé ya ha aprendido las expresiones faciales de su madre. Los bebés regulan su sistema nervioso sincronizándolo con el de sus madres. De este modo, la angustia materna puede convertirse en angustia infantil.

Ausencia de un refugio seguro

La adversidad generacional y ambiental compromete la capacidad de la mujer de protegerse a sí misma y a los hijos que pueda tener. En palabras del doctor Gabor Maté, «No estamos hablando de un fracaso individual de la paternidad. Estamos hablando de un amplio fenómeno social. Vivimos en una sociedad que destruye por completo el entorno de la paternidad».[8]

El fenómeno social al que se refiere Maté son las aguas patriarcales en las que todos nadamos que devalúan nuestras vulnerabilidades humanas y la necesidad que tenemos unos de otros. Este fenómeno social daña la protección materna.

Cuando las madres no se sienten seguras, tampoco sus hijos se sienten a salvo. Las hijas de madres atemorizadas buscan protección donde no la hay. «[Cuando] la respuesta inmadura al estrés carece de la protección cariñosa de un adulto estable... dicha adversidad lleva al trauma psicológico».[9]

Las madres que están en peligro son incapaces de proteger a sus pequeños del estrés tóxico que activa el sistema inmunitario que todavía no se ha desarrollado del todo y puede alterar la composición genética y provocar problemas de salud mental y física de por vida.

Estamos apenas empezando a comprender la magnitud y las consecuencias de la adversidad en la infancia gracias al estudio de Vincent Felitti, uno de los mayores expertos en trauma infantil, sobre las experiencias adversas de la infancia (EAI), publicado en 1998 por los Centros para el Control y la Prevención de Enfermedades y Kaiser Permanente[10].

El estudio original de las EAI especificaba diez categorías de acontecimientos estresantes o traumáticos de la infancia, pero la lista se ha ampliado para incluir muchas más. Entre estos se encuentran el racismo, el encarcelamiento de los padres, las separaciones o divorcios complicados, los progenitores drogodependientes, vivir en un hogar de acogida y ser testigo de violencia o amenazas hacia la madre.

Con más de 17.000 participantes, el estudio nos muestra que el estrés prolongado durante la infancia provoca cambios bioquímicos en el cerebro y el cuerpo, y aumenta drásticamente el riesgo de futuras enfermedades mentales y problemas de salud, incluido el consumo de drogas.

Curiosamente, el doctor Vincent Felitti descubrió por casualidad el vínculo existente entre la adversidad en la infancia (concretamente, el abuso sexual) y los problemas de salud mental en la edad adulta a raíz de que una paciente que participaba en su aclamado programa de adelgazamiento reveló su trauma infantil durante una entrevista.

Esto fue una revelación para el doctor Felitti, quien no se había percatado de que podía existir un patrón entre abusos sufridos en la infancia y los pacientes que acudían a su consulta para realizar un tratamiento para adelgazar. Cuando le preguntaron por qué nunca había hecho esta conexión, respondió que él era médico, no terapeuta.[11] Lo que demuestra por qué la formación médica debe incluir la sensibilización al trauma.

El estudio de las EAI muestra un denominador común en cada medida de adversidad: la falta de protección. Los niños sin un cuidador protector sufren más que los que cuentan con uno. El doctor Robert Block, expresidente de la Academia Americana de Pediatría, suele afirmar que «las EAI son la mayor amenaza no resuelta para la salud pública a la que se enfrenta nuestra nación». El creciente conocimiento de las EAI y sus consecuencias confirma lo mucho que necesitan los niños la presencia protectora de un cuidador estable. Las investigaciones demuestran que, si un adulto de confianza tranquiliza a un niño durante una adversidad, el impacto del sufrimiento es menos perjudicial y el acontecimiento puede no convertirse en una EAI.

Hay una pediatra que está tomándose todo esto muy en serio: la doctora Nadine Burke Harris, la primera directora general de Salud Pública de California y autora de *The Deepest Well* (El pozo más profundo), está estableciendo un vínculo entre las enfermedades infantiles y el estrés tóxico, y realizando cambios en los procedimientos médicos que podrían traumatizar aún más a los niños vulnerables.[12]

En su popular charla TED, la doctora Burke Harris afirma: «Lo que más necesitamos hoy es el coraje de enfrentar este problema y decir: esto es real».[13] Los traumas infantiles no son algo que simplemente se supera al crecer.

Protección en los tres primeros años

El factor que predice con mayor precisión el apego seguro de un niño es el cuidado protector y sensible durante los tres primeros años.

Es importante que desde el parto las mujeres reciban apoyo y tengan los conocimientos necesarios para optimizar la relajación y evitar un sufrimiento innecesario, ya que, durante los primeros meses de la vida de un recién nacido, la seguridad o falta de seguridad causan un profundo impacto en los procesos biológicos.

Incluso durante el embarazo, alrededor de las seis semanas de gestación, la placenta conecta a la madre con su hijo. Cuando una madre tiene miedo, el cortisol que se libera en su torrente sanguíneo pasa sin filtrar a su bebé. De este modo, la ansiedad puede experimentarse por primera vez en el útero. Si estás leyendo esta frase y te sientes identificada, tal vez la ansiedad que te ha acompañado durante mucho tiempo empieza a cobrar sentido.

Los cuerpos y cerebros de los recién nacidos no se han adaptado a los sistemas de crianza relativamente modernos que separan a los bebés de sus madres durante largas jornadas, ya sea por trabajo, vacaciones, o durante la noche cuando duermen, o incluso, una simple enfermedad. Esta separación habría sido inaudita para nuestros antepasados, que vivían más cerca de la tierra.

Si naciste y creciste durante una época en la que los expertos fomentaban el método de dejar llorar a los bebés hasta que se durmieran solos, se puede decir que te adaptaste al miedo de muy pequeña.

Como ya hemos hablado anteriormente, hay un riesgo enorme para el desarrollo del apego si se separa a la madre del hijo.

La separación asusta a los bebés y es difícil para las madres por una razón: una madre que debe dejar a su bebé sabe, en cierto modo, que esto afecta negativamente a su hijo, por lo que puede que le cueste concentrarse, trabajar o disfrutar durante su ausencia.

«Incluso para un niño que ha desarrollado un apego seguro separarse de su madre es doloroso, por más que tenga una madre emocionalmente presente»,[14] escribe la doctora Komisar. Me gusta el énfasis que pone en el sufrimiento que padecen los niños cuando la mamá se aleja, *incluso* si tienen un apego seguro. Komisar normaliza la primacía de la primera relación que todos tenemos en la vida.

Los estudios revelan que hasta el 63 % de los niños que asisten a guarderías tienen niveles elevados de cortisol en la saliva que los niños que están en casa con cuidados familiares[15], lo que se asocia a un retraso en el desarrollo y a cerebros inmaduros en cuatro especies de mamíferos (vacas, ovejas, ratas y monos).

Los niveles elevados de cortisol se han asociado a cambios cerebrales que conducen a una respuesta de estrés elevada y continua.[16] Si bien los pequeños se benefician de socializar en la guardería y el preescolar, no están psicológica ni emocionalmente preparados para interactuar con sus pares antes de los dos años.[17] El juego con los padres se vuelve más fácil cuando se han satisfecho las primeras necesidades de apego: el apego debe preceder a la socialización, y no al revés.

Como madre y médica, no me sorprenden las conclusiones de Komisar sobre el trastorno por déficit de atención e hiperactividad (TDAH) y otros problemas de conducta: «He visto cómo la sociedad devalúa cada vez más la maternidad al mismo tiempo que idealiza el trabajo. También he visto una epidemia de niños problemáticos, a los que se diagnostica y medica cada vez más temprano, que padecen TDAH, agresividad precoz y otros trastornos sociales y de conducta. Mucha gente dice que estos dos fenómenos no tienen nada que ver. Yo creo que están asociados».[18]

Los pequeños dependen de la relación con su madre para calmar la ansiedad y el estrés que provocan las nuevas experiencias. La seguridad de esta relación es la base del apego y la sensación de seguridad. El apego seguro sucede de manera gradual, a medida que crece la confianza en relación con cuidados cariñosos y previsibles.

Si al crecer no tuviste una sensación de seguridad, podrías seguir experimentando la ansiedad de separación que se manifiesta en los niños pequeños y que sientas un profundo desasosiego cuando estás sola o cuando alguien se aleja de tu lado.

Muchos sostienen que animar a las madres que estén en contacto estrecho con sus bebés durante los primeros mil días es, en cierto modo, antifeminista. Nada más lejos de la verdad. El feminismo consiste en *ampliar* las opciones de las mujeres. Tener más opciones conlleva también más responsabilidad.

Las decisiones que tomamos tienen recompensas y consecuencias, y tomamos mejores decisiones cuando contamos con información exhaustiva. Muchas mujeres tomarían decisiones diferentes sobre la maternidad si los expertos en cuidados infantiles y las autoridades proporcionaran información holística y brindaran apoyo a los instintos maternales. Quizá si las políticas promovieran el apego seguro extendiendo las licencias de paternidad, la importancia de los primeros meses y años se ganaría el respeto de todos.

En los tres primeros años, fomentar la dependencia es una inversión emocional en la independencia y la salud futuras. Pero cuando las madres pierden esta oportunidad muchas se encuentran desconcertadas cuando su hijo, antes un niño obediente, se convierte en un adolescente enfadado y retraído. Los pequeños que aprenden a depender de sí mismos para obtener consuelo y seguridad se convierten en adolescentes reservados con los que es difícil comunicarse.

Alfa

El doctor Gordon Neufeld, psicólogo clínico radicado en Vancouver y coautor del libro *Hold On to Your Kids* (Aférrate a tus hijos), anima a las mujeres a conectarse con su «alfa» interior cuando se convierten en madres. [19]

Describe a una madre alfa como una mujer que conoce su fuerza y la prioridad que ocupa en el mundo de su bebé. Una madre alfa reivindica su lugar como protectora de su hijo.

Neufeld afirma que cualquier persona está capacitada para proveer este tipo cuidado porque los bebés nos atraen y despiertan nuestro deseo de protección. Si bien es un argumento interesante, simplifica demasiado una cuestión compleja. Algunas madres pueden asumir con facilidad el rol de madre protectora, pero, como ya hemos comentado, el legado intergeneracional de adversidad, temor y sumisión paraliza los instintos protectores de una mujer, anulando su capacidad consciente de mantenerse a salvo a sí misma o a su bebé. Hemos visto cómo el estrés tóxico daña el circuito neuronal que rige los comportamientos maternales. «De hecho, las madres que sufren de depresión posparto tienen niveles muy altos de cortisol cuando responden a los llantos de su bebé, que es como una respuesta de estrés postraumático».[20]

En otras palabras, la protección parece natural, pero por más hermoso o irresistible que sea un bebé, muchas mujeres temerosas sencillamente carecen de los recursos internos para protegerlo. Algunas lo compensan con medidas sobreprotectoras. En cualquier caso, sin protección materna saludable, es posible que una hija crezca sin una sensación de seguridad.

Alomadres

Para proteger a los bebés durante los tres primeros años las madres pueden tener que recurrir a cuidadores conocidos como «alomadres». Una alomadre es una mujer que puede o no estar biológicamente emparentada con el bebé, pero que se implica emocionalmente en su bienestar. Padres, abuelos, hermanas, tías y niñeras pueden ser alomadres.

Antiguamente, las alomadres ayudaban a la madre biológica, no porque ella no estuviera presente, sino porque estaban interesadas en su bienestar y en el de su bebé. Las alomadres sostenían y jugaban con el bebé mientras la madre se bañaba, comía o ayudaba a otros niños. En nuestro acelerado mundo moderno, puede que una alomadre no sea miembro de la familia. Él o ella quizá sea una niñera. Para que una alomadre se haga cargo de modo adecuado de las tareas maternales, él o ella se ha ganar un lugar en la familia.

Si una alomadre pasa más tiempo con el pequeño que la madre, el papel de «favorita» podría transferirse en función de los procesos de apego. El apego seguro se forma dentro de las interacciones diarias con el cuidador principal, la madre o la alomadre. Naturalmente, una madre puede experimentar sentimientos de tristeza al entregar a su hijo a un cuidador sustituto, pero la pérdida está al servicio de la salud y el bienestar de su pequeño. De este modo, el sacrificio materno *es* protector.

Esto es especialmente importante cuando el trabajo fuera del hogar es esencial. Algunos estudios muestran que el estrés financiero puede repercutir negativamente en la maternidad, así que cuando una madre trabaja para aliviar la carga económica, el resultado final puede tener un impacto positivo en sus hijos, especialmente si cuenta con el apoyo de una alomadre confiable. Aunque, Erica Komisar, psicoterapeuta y coach parental, explica que los hijos de «familias trabajadoras biparentales de clase media y clase media-alta tienen resultados menos satisfactorios en cuanto a su salud mental cuando ambos progenitores trabajan… Sienten el desapego de sus padres y lo interpretan como rechazo».[21]

Si no se cuenta con una alomadre y la madre ha de recurrir a una guardería cuando se ausenta durante largos periodos de tiempo puede que tenga que dedicar más tiempo a tranquilizar a un bebé o un niño ansioso que la ha echado de menos todo el día.

Las madres protectoras ayudan a sus pequeños a superar la ansiedad por la separación compensando los momentos en que no estuvieron juntos de modos reconfortantes. Guardar los teléfonos y jugar nada más llegar a casa ayuda a restablecer la conexión y la confianza tras horas de separación.

Y como ya hemos comentado, una de las medidas protectoras más poderosas para contrarrestar las largas horas de separación es dormir juntos. La cercanía física por la noche favorece la conexión sensorial, y permite que las horas de sueño fortalezcan el sistema inmunitario inmaduro del bebé y su salud neurológica en proceso de desarrollo.

Soy consciente de que el sueño nocturno es un tema controvertido, lo cual es lamentable. El momento de dormir no debería ser estresante para los pequeños. Como la hora de comer, es una oportunidad para conectarse, y recibir cariño y seguridad. Compartir las horas nocturnas fortalece el proceso de apego y servirá al pequeño a medida que madure. De este modo, un espacio para dormir juntos es protección maternal.

Proteger a las niñas en edad de crecimiento

A medida que las niñas crecen, sus necesidades de protección externa también aumentan. Al igual que los adultos, las niñas se desenvuelven mejor en el trabajo o en la vida cotidiana cuando alguien les cubre las espaldas. Las niñas necesitan un refugio seguro al cual volver después de un día de escuela o de haber pasado tiempo con amigas: un lugar donde puedan cometer errores sin ser castigadas, aprender límites sin miedo y relajarse de las presiones externas que supone crecer. A las hijas les va mejor cuando las madres crean un entorno seguro con límites apropiados para su edad. Si cuentan con la protección materna, las niñas pueden tolerar una gran variedad de factores estresantes.

El trabajo de protección que tiene que realizar una madre requiere superpoderes a medida que su hija crece ya que, en la actualidad, el mundo parece empeñado a robarle su inocencia. Los mensajes sexuales de cosificación inundan los medios de comunicación y se infiltran en la intimidad de nuestros hogares. En 1994, el libro de Mary Pipher, *Reviving Ophelia* (Revivir a Ofelia), fue un bestseller internacional que ya advertía a los padres sobre los riesgos a los que se enfrentaban sus hijas. Más de dos décadas después, se sigue escribiendo lo mismo sobre las niñas y el estrés.

A pesar de nuestros esfuerzos por empoderar a las niñas y ayudarlas a abrirse camino en nuestro mundo, nada ha cambiado demasiado. En *Under Pressure* (Bajo presión), la doctora Lisa Damour examina de cerca el número creciente de niñas que luchan contra la ansiedad y los problemas anímicos. El número de jóvenes que se sienten «nerviosas, preocupadas o temerosas» se disparó un 55 % entre 2009 y 2014, y el porcentaje de niñas que sufre depresión aumentó del 13 al 17 %. [22]

Según la investigación de Damour, este aumento no se debe a que ahora detectamos mejor estos problemas, sino porque estamos viendo algo nuevo. El mundo digital ha añadido nuevos elementos de estrés y ansiedad para las niñas y sus madres.

Cuando las niñas carecen de protección materna, sus adaptaciones al miedo se vuelven más evidentes a medida que alcanzan la edad escolar. El miedo continuo genera síntomas de estrés traumático. Jamie Howard, psicóloga clínica del Centro de Trastornos de Ansiedad del Child Mind Institute de Nueva York anima a los profesores a identificar señales de trauma en sus alumnos. Afirma: «Es posible que los niños que parezcan tener TDAH porque parecen desconectados, en realidad estén distraídos por un trauma que han sufrido. Y también es posible que los niños que evitan ciertas cosas o que responden con un sobresalto exagerado parezcan desafiantes. [23]

Los niños desamparados suelen parecer demasiado activos o distraídos cuando están en la escuela o la guardería. La hiperactividad o la falta de atención es simplemente una forma de regular un cerebro asustado. Los signos de falta de protección materna pueden ser los siguientes:

- Dificultades de aprendizaje o problemas de concentración.
- Desconexión.

- Ansiedad y excesiva necesidad de agradar.
- Perfeccionismo.
- Problemas de coordinación y postura comprometida.
- Estallidos de ira o lágrimas.
- Dolores de estómago, problemas digestivos y cefaleas.

Un cerebro y un cuerpo acostumbrados a la angustia se irritan con más facilidad ante situaciones que suceden durante o después de un largo día en la escuela. Los estallidos emocionales son habituales en todos los niños que intentan regular su sistema nervioso en desarrollo, pero para un niño que ya está estresado, el cansancio o el hambre pueden convertirse rápidamente en furia o desesperación. Los investigadores llaman a este fenómeno *kindling* (encendido). [24] El *kindling* explica cómo puede parecer que un niño o un adulto están bien un momento e indignados y temerosos al siguiente: están altamente sensibles porque su sistema nervioso está en alerta.

A medida que las niñas se acercan a la adolescencia, las adaptaciones de la personalidad pueden convertirse en alteraciones anímicas tales como problemas de alimentación, dificultad para dormir y menstruaciones dolorosas.

Niñas y sexo

Si la misoginia explica el odio hacia una misma y hacia el cuerpo, el sistema de alarma sexual explica el miedo sexual. Si se mezclan estas dos fuerzas, se obtiene un potente cóctel que daña el desarrollo sexual de las mujeres.

Hace más de una década que escribo sobre la sexualidad femenina y me entristece lo poco que han cambiado las cosas en estos años. Aunque las niñas tienen más oportunidades para ser independientes siguen luchando por sentirse seguras, por su imagen corporal y por las relaciones que mantienen con los demás. La educación sexual no ha cambiado mucho, excepto por la desafortunada realidad de que la pornografía, como sabemos, es el nuevo pedagogo.[25] En la esquina «digital» las niñas aprenden que el peligro y el sexo van de la mano. Que el estrangulamiento forma parte de los juegos preliminares y que estar buena lo es todo.

La sensualidad como virtud aparece cuando los referentes demuestran «empoderamiento» sexual tomándose la entrepierna, bailando sobre una barra y exhibiendo gestos que parecen manifestar dominación en lugar de libertad.

En el excelente libro de Peggy Orenstein, *Girls and Sex* (Las chicas y el sexo), se examinan las fuerzas sexuales modernas que enfrentan nuestras hijas basándose en entrevistas a adolescentes. Orenstein explora la contradicción que existe ahora mismo en las jóvenes que tienen más oportunidades y educación, pero siguen enfrentándose a presiones sexuales deshumanizadoras.

Un comentario que hace una de las chicas entrevistadas explica esto muy bien cuando dice: «Normalmente, lo contrario de lo negativo es positivo, pero cuando se habla de las chicas y el sexo, lo opuesto a "zorra" es "mojigata", y ambos son negativos. Entonces, ¿qué se supone que hay que hacer?»[26]

Orenstein explora el mismo dilema sexual sin salida acerca del cual yo escribí en mi libro *Ready to Heal* (Lista para sanar). Un dilema sin salida es una situación imposible en la que todas las opciones conducen a resultados negativos. Encontré cuatro creencias que tienen las mujeres que llevan a este dilema sin salida:

- Si soy sexual, soy mala.
- Debo ser buena para merecer amor.
- No soy realmente una mujer a menos que alguien me desee sexual o románticamente.
- Debo ser sexual para que me quieran.

Es un dilema sin salida porque nos enseñan que para ser amadas debemos ser sexis, pero que, si somos *demasiado* sexis, somos malas, y que solo las chicas buenas son dignas de amor, pero si quieres amor, debes ser sexualmente deseable.

Estas cuatro creencias crean un *impasse* psicológico que paraliza el desarrollo sexual sano y preparan el terreno para que el amor y el sexo se conviertan en hábitos dolorosos o adictivos en lugar de expresiones de alegría y placer. De hecho, como Orenstein explica elocuentemente en su charla TED, las chicas no suelen considerar que su propio placer sexual sea prioritario. Es suficiente que la pareja tenga un orgasmo. A pesar de los avances para las niñas en algunas áreas, el doble estándar sexual permanece entre nosotras, tanto para las madres como para las hijas.

Protección y sexualidad femenina

Las madres suelen situarse en los extremos del espectro de la protección sexual: o son sobreprotectoras o no protegen a sus hijas lo suficiente. Las madres sobreprotectoras enseñan a sus hijas a tener miedo de los chicos y el sexo. La abstinencia y la evitación son sus estrategias de protección. Las madres que no protegen a sus hijas lo suficiente hacen la vista gorda cuando sus hijas necesitan ayuda. Estas madres no ponen límites de horario ni restringen la exposición a la tecnología. Es posible que sacrifiquen a sus hijas a padres, hermanos y tíos. ¿Cuál es el equilibrio? ¿Cuál es la receta para criar niñas sexualmente sanas? No estoy segura de que exista.

La misma cultura patriarcal que envenena el desarrollo sexual femenino nos entrena para ceder la educación de nuestras hijas a instituciones como la iglesia o las escuelas, dejando en sus manos la enseñanza de todo lo relativo al sexo y la seguridad. El problema es que ya hemos visto que esto no está obteniendo resultados satisfactorios. «La forma en que estamos educando a los jóvenes sobre la sexualidad no está funcionando. Pretendemos que descarten sus deseos y su curiosidad instintiva incluso mientras los bombardeamos con imágenes que transmiten que la lujuria es el apetito más

importante y la sensualidad la virtud más impresionante», escribe
Ariel Levy, escritora y activista.[27]

Por otro lado, cuando los hombres se convierten en padres, sus
creencias sobre las mujeres, el género y la sexualidad pueden ser
perjudiciales. De maneras abiertas o encubiertas, los padres pueden
perpetuar la cosificación y victimización femenina. A veces se filtra
su propia lujuria cuando una hija entra en la pubertad y su cuerpo
cambia. Quizá los padres señalen estos cambios de formas que provocan incomodidad o desconcierto en ella. Los padres que no protegen a sus hijas pueden manifestar comportamientos inapropiados,
como comentar el aspecto de una camarera o comparar el cuerpo de
una hija con el de su madre, enseñando con el ejemplo que las mujeres son objetos.

En un reciente experimento de investigación una madre pasó
siete días en Internet haciéndose pasar por una niña de once años.
Subió una foto genérica con un pie de foto que decía: «¡Estoy muy
emocionada de ver a amigas este fin de semana en la fiesta de
Carly!». Pocos minutos después de postear el material, esta seudo-
niña de once años tenía siete videollamadas y chats de texto con
diecisiete hombres, once de los cuales le habían enseñado sus ge-
nitales.[28]

Sloane Ryan, que dirige el equipo de proyectos especiales de
Bark, una empresa tecnológica comprometida con la seguridad infantil informa que en 2018 alertó al FBI sobre 99 depredadores de
niños y ya en 2019 el número había superado los trescientos, y sigue
en aumento. Ryan ilustra el modo en que hablan los depredadores:

- Eres tan guapa.
- Deberías ser modelo.
- Soy mayor que tú.
- ¿Qué harías si estuvieras aquí, nena?
- ¿Harías [acto sexual] si estuvieras aquí?
- ¿Has visto una antes, nena?
- Nena, eres tan hermosa.

- Háblame, nena.
- Quiero que [acto sexual], nena.
- Solo ponte en videochat, nena.
- No seas tímida, nena.[29]

Para decirlo de manera sencilla, el acceso a Internet sin control parental no es seguro para los niños. Si bien el acceso a Internet ofrece oportunidades de aprendizaje, también es una carga más para las madres que se esfuerzan por proteger a sus hijas de depredadores y de material sexual nocivo. Es un monstruo que crece rápidamente. Cuando trabajo con padres abrumados por este problema, simplifico las cosas y les digo, «pensad en Internet sin vigilancia como si fuera cocaína». Aunque suene exagerado, transmite eficazmente la idea: Internet es adictiva y peligrosa. Los niños necesitan supervisión y límites con los dispositivos electrónicos.

Hermanos y protección

Cuando las hijas que aún son pequeñas deben cuidar a sus hermanos, se enfrentan a responsabilidades de adultos para las que no están preparadas y que no han elegido. El caso de Janet lo ejemplifica muy bien. Cuando era pequeña su madre estaba muy enferma y a ella le tocaba cuidar a su hermano mayor y a su padre. Solo tenía seis años cuando aprendió a hacer las camas, preparar la comida (más que nada, bocadillos de atún) y limpiar la casa. De adulta, Janet odia cocinar y no soporta el olor del atún y rara vez sale de su casa.

Puede que la historia de Janet parezca extrema, pero no es raro que una madre se valga de su hija como niñera o criada. Si bien ayudar a la familia puede crear un sentimiento de pertenencia para una hija, cuando el trabajo es demasiado, y demasiado solitario, cuidar a otros se convierte en algo aterrador. La responsabilidad es demasiado grande. Además, cuando se carga a un niño con el trabajo de su madre, los hermanos pierden la oportunidad de ser hermanos y uno de ellos se convierte en el cuidador, cargando con el peso de esa responsabilidad, mientras que los hermanos menores se sienten controlados, celosos o victimizados.

Mi paciente Rose era hija única hasta que sus padres se divorciaron y su madre empezó a salir con un músico que tenía un bebé. Rose tenía nueve años cuando se encontró a cargo de una hermanastra pequeña. Su madre y su nuevo novio estaban distraídos con sus amigos y salían a menudo por la noche dejando a Rose sola con el bebé.

La niña se sentía abrumada por la responsabilidad y las noches solitarias en casa sin su madre. A veces la bebé lloraba y lloraba y nada de lo que Rose hiciera parecía clamarla. «Llamaba a mi madre, pero ella solo me decía que la dejara llorar. Era tan horrible... oír llorar a ese bebé», me decía.

Como es comprensible, Rose es una niña que creció cansada, resentida y preocupada, porque no le gustaban los bebés ni los niños. Retrasó el momento de tener familia, convencida de que sería una madre terrible. Sin embargo, tras unos años de tratamiento, cambió de idea. Sanar el dolor por la negligencia materna la ayudó a recuperar su juventud perdida y a tomar una decisión más consciente sobre la maternidad.

El espectro de la necesidad del amor materno

No hace falta que la adversidad a la que se enfrentan los niños sea grave para crear profundos cambios fisiológicos y psicológicos que puedan derivar en los problemas derivados de la falta de amor materno.

Esta situación es singular para cada hija, y la intensidad de las adaptaciones depende de hasta qué punto faltó protección materna o la disponibilidad de otros adultos para poder brindar esa protección.

En la adolescencia y la edad adulta las adaptaciones pueden manifestarse como una depresión persistente leve o como ansiedad

crónica. Los problemas de atención, la hiperactividad y el perfeccionismo también son característicos, así como los hábitos adictivos que son una forma de calmarse a sí mismo y una manera de evitar el dolor.

Si no tuviste protección maternal adecuada, espero que la ansiedad y el estrés con los que vives tengan más sentido ahora. Vivir protegiéndose durante tantos años tiene un precio. Vivir con miedo y ansiedad desgasta tu sistema inmunológico, y te deja susceptible a síntomas físicos, como migrañas, dolor de articulaciones, trastornos intestinales, síndromes premenstruales dolorosos o problemas autoinmunes. También es posible que te sientas atraída por personas con poder, manipuladoras y tal vez peligrosas y que tengas adicciones o compulsiones.

Algunas cosas son difíciles de identificar, no lo hacemos hasta que queremos cambiarlas. Comprender la relación que existe entre tus síntomas y la falta de protección materna puede disminuir tu vergüenza. La sanación sucede más fácilmente sin la carga añadida de la vergüenza, por lo que si tienes problemas con las adicciones, abordarlos es un paso en la dirección correcta. La adicción siempre lleva a la vergüenza, y la vergüenza interfiere en tu proceso de sanación porque no te permite legitimar tu dolor.

Es muy probable que te sientas cansada ya que has estado intentando protegerte durante años. Puede que estés agotada de trabajar demasiado o demasiado duro, de comer en exceso o de no comer, o de amar de formas destructivas.

La adicción puede empezar como una forma de apaciguar a la madre y adaptarse a su vulnerabilidad. El comportamiento adictivo comienza con la inocente esperanza de que «Si simplemente puedo hacer lo correcto (decir lo correcto, ser lo correcto), ella me protegerá y me amará. Podré calmarme». El doctor Gabor Maté afirma: «En el centro de toda adicción hay un vacío que se funda en un miedo terrible».[30] La adicción es un intento de regular el miedo y la desesperación: el miedo a no ser digno de amor o a estar solo, un temor que crece sin un sentido fundamental de seguridad.

Algunos ejemplos comunes:

- **Adicción al amor:** Ganarse el amor materno inconscientemente con parejas románticas. La adicción al amor puede incluir un deseo insaciable de contacto físico. A veces esto puede llevar a una adicción sexual.

- **Patrones alimentarios:** Ganarse la aprobación de la madre mediante una determinada apariencia que requería restringir los alimentos. A veces comer en exceso es una forma de manifestar la ira a una madre controladora.

- **Trabajo excesivo:** Puede que la actividad compulsiva haya obtenido la aprobación de la madre en la infancia. De adulta, puede ofrecerte la sensación de seguridad y control que ansiabas de niña.

- **Ejercicio excesivo:** Hacer ejercicio hasta el punto de lesionarse y ser incapaz de descansar es una señal de que te sientes insegura.

¿Reconoces en ti alguna de estas tendencias adictivas?

DESVELAR EL MIEDO

- Recuerda un momento en el que te sentiste segura cuando eras niña. ¿Qué sucedía? ¿Quién estaba allí?
- ¿Cómo recreas la sensación de seguridad en tu vida actual?
- Recuerda un momento de tu pasado en que sentiste miedo. ¿Qué sucedía? ¿Quién estaba allí? ¿Dónde estaba tu mamá?
- ¿Recreas el miedo en tu vida actual?

RESCATE DE LA ANSIEDAD

Cuando la ansiedad se vuelve intensa, prueba con esta intervención rápida y milenaria. La respiración alternada por las fosas nasales, que forma parte de algunas prácticas de hatha yoga, es un ejercicio muy útil cuando te despiertas con ansiedad o si te cuesta dormir. Puedes usarla incluso cuando conduces y te encuentras en un atasco.

La respiración nasal alterna ayuda a que tu cuerpo y mente se relajen, reduce la actividad del sistema nervioso y aporta una sensación de bienestar general. «La ciencia sugiere que estimulas ambos lados del cerebro, y la sabiduría antigua cree que obtienes un equilibrio energético cuando respiras alternando las fosas nasales». [31]

Para empezar, tápate una de tus fosas nasales e inhala por la otra contando hasta cinco. Luego tápate ambas fosas nasales y cuenta hasta cinco. Luego exhala por la otra fosa también contando hasta cinco. Repite varias veces el ejercicio hasta que sientas alivio y notes la relajación.

Practicar la respiración alternada es muy efectiva ante un ataque de pánico y también puede ayudarte a estar más concentrada y consciente. La práctica regular de este ejercicio puede ayudarte a estar más alerta y favorecer tu proceso de sanación.

SUSTITUIR LA PROTECCIÓN MATERNA

Los sueños son una ventana al alma. Sin lugar a dudas, las mujeres que sufren una falta de protección materna tienen patrones de sueño alterados y sufren de pesadillas. En mis años de práctica clínica he advertido un tema recurrente en estos sueños. Las mujeres que no se sentían seguras de niñas sueñan con hogares que se inundan, se incendian o están infestados de roedores. Dentro de la casa, están atrapadas y solas. No hay nadie que las reconforte. Pero a medida que avanza el tratamiento, estos sueños cambian. Sé que están comenzando a sanar cuando desaparecen los roedores; cuando los pasillos conducen a salas mágicas hasta entonces inexistentes; cuando afuera crecen flores. El hogar, metáfora del cuerpo, está floreciendo.

Tras años de experiencia, estoy convencida de que puedes comenzar a sanar tu cerebro mediante la visualización y la intención consciente. Comienza cuando estés cómoda y en algún lugar seguro, quizá justo antes de irte a dormir por la noche. Cierra los ojos e imagina la casa que ves cuando tienes esas pesadillas. ¿Cómo te sientes estando en su interior? ¿Qué aspecto tiene? ¿Qué necesitas dentro y fuera de esta casa para sentirte segura y cómoda? Luego abre los ojos y mira fotografías de casas hermosas en revistas o en Internet. Concéntrate en imágenes que transmiten felicidad. Cuando sientas que te encuentras mejor, disfruta de la sensación.

Observar cosas bellas es buena para el cerebro. Al observar estas imágenes estás construyendo la casa de tus sueños, que será el lugar donde te sientes segura y calmará el temor que te ha acompañado durante tantos años. Tómate tu tiempo. Ponte creativa con este ejercicio señalando imágenes en los libros o colgándolas en tu espacio de trabajo. Piensa que estás construyendo un santuario interior donde no hay amenazas.

Cada noche, mientras te preparas para ir a dormir, trae a tu mente estas imágenes. Cierra los ojos y deja que tu mente imagine cómo sería vivir en este lugar que tú has diseñado. Este ritual nocturno consciente influye en tu hogar interior. A medida que mejore el paisaje de tu mente, también lo hará la calidad de tu sueño y tu ánimo a lo largo del día.

7

ORIENTACIÓN

Una hija observa a su madre buscando pistas sobre cómo ser mujer. Estudia a las amigas de su madre, el estilo de su madre, los ademanes de su madre y las relaciones de su madre con los hombres. De este modo, la madre la orienta.

Una madre que cría a una hija nunca está realmente «fuera de servicio» ya que guía con el ejemplo, enseñando a su hija a ser dulce y fuerte, a amar a los demás sin perderse a ella misma, y a cuidar su cuerpo femenino. Una madre que sabe descansar y cuidarse a sí misma le enseña a su hija que ella vale y es importante.

Madres desorientadas

Antes de hablar de la orientación materna positiva, es importante reconocer que se ha dado a las mujeres durante años una orientación errónea y perjudicial sobre la maternidad. Dependiendo de la década, las madres aprendieron que la leche de continuación o fórmula infantil (un sustituto artificial de la leche materna para bebés) era la mejor forma de alimentar al bebé. También se pensaba que el método de dejarlo llorar hasta que se durmiera solo era la mejor manera de enseñarle a ser independiente.

Generaciones de madres bienintencionadas han aprendido a hacer caso omiso de sus propios instintos y a confiar en los «expertos» para lidiar con las emociones propias de la maternidad. Convertirse en madre es una transición como ninguna otra, y resulta deplorable que la comunidad médica y los expertos en desarrollo infantil no dispongan de información actualizada sobre las necesidades de apego tempranas. Por este motivo, muchas madres necesitan una mejor orientación para tomar decisiones importantes sobre sus bebés y niños pequeños.

Con frecuencia, las madres acuden a la psicoterapia cuando sus hijas empiezan a tener problemas, a menudo en la escuela secundaria. Durante estos momentos difíciles las madres pueden dejar de ir a trabajar para intentar involucrarse con sus hijas adolescentes que están pasando por una crisis. Naturalmente, quieren orientar a sus hijas. Una y otra vez escucho su decepción y sorpresa cuando las cosas no van bien. Comentarios como «no me escucha» o «siempre está enfadada conmigo» se repiten en las sesiones mientras se preguntan qué ha pasado con «sus dulces hijitas».

Para que la orientación materna sea eficaz primero debe existir un vínculo de confianza entre madre e hija. Para las hijas que no tuvieron el cuidado o la protección materna en los primeros años, el importante papel de la orientación materna se ve comprometido. Las hijas que aprenden desde pequeñas a «aguantarse» las ansiedades de separación o a defenderse por sí solas han estado actuando por su cuenta hace mucho tiempo de manera que es lógico que les cueste aceptar que la madre de repente quiera implicarse y decirle lo que tiene que hacer.

El conflicto es natural en este contexto: una madre quiere ayudar, pero no se siente valorada cuando sus esfuerzos no son bien recibidos. Una hija se enfada cuando su madre no advierte lo mayor que está. Es posible que las madres exijan respeto con comportamientos controladores o que inducen al miedo. Esto no es orientación materna. El control enseña a obedecer. Las hijas obedientes corren el riesgo de convertirse en mujeres vulnerables sin límites sanos ni conciencia de sí mismas porque aprendieron a apaciguar a sus madres.

Cuando la orientación materna es dañina

La orientación materna es un sacrificio de tiempo, sabiduría y energía sin ninguna garantía de que la hija apreciará el esfuerzo. De hecho, las madres que buscan la gratitud o la aprobación de sus hijas suponen una carga innecesaria para ellas en un momento en que están desarrollando su identidad.

La autobiografía de Adrienne Brodeur, *Wild Game* (Juego salvaje, traducido en castellano como *Mi madre, su amante y yo*), ha sido una especie de fenómeno literario: una autobiografía que atrajo la atención nacional por su prosa magnífica y por la complicada traición emocional que revela la autora.

Yo creo que es un excelente ejemplo real de cómo la falta de orientación positiva por parte de una madre puede detener el desarrollo emocional de una hija y dañar su inocencia sexual.

La historia comienza con un romance, el verano en que Adrienne tiene catorce años. Pero no es la historia de amor que uno podría esperar de una joven en pleno desarrollo, sino un drama en el que Adrienne no es la protagonista, sino que lo es su madre. Malabar, una mujer que no tiene límites y con una fuerza insaciable, roba todo el protagonismo mientras su adorada suplente sigue de cerca todos sus movimientos.

A través de los ojos vigilantes de Adrienne, somos testigos privilegiados del romance de Malabar con el mejor amigo de su esposo, Ben. La vemos comportarse como una adolescente a medida que su obsesión por Ben se apodera de ella.

Y como nos sucede a la mayoría de nosotros cuando estamos enamorados, Malabar quiere tener a una persona con quien compartir su emoción. Desgraciadamente, en lugar de recurrir a una amiga o tal vez, incluso, a un terapeuta, Malabar utiliza a su hija, a quien le cuenta, despertándola en mitad de la noche, todo lo que siente por Ben y comportándose más como una colegiala que como una madre, le dice: «¿No te alegras por mí, Rennie?».

Emocionada por la confianza que deposita en ella su madre, Adrienne dice: «Miré su cara y a sus ojos llenos de esperanza, y de repente, me alegré por ella. Y por mí. Malabar se estaba enamorando y me había elegido su confidente, un papel que no me había dado cuenta de que quisiera interpretar hasta ese momento».[1] Y así, sin más, nuestra dispuesta y vulnerable narradora se ve envuelta en un triángulo amoroso.

El insaciable deseo de distracción romántica que siente Malabar consume el tiempo libre de su hija en tanto que la involucra en la aventura clandestina. Al compartir cada detalle y confundir a su hija con una amiga, Malabar crea una dinámica en la que Adrienne siente que «el "nosotros" siempre habíamos sido mi madre y yo», en lugar de Malabar y Ben.[2]

A través del mudo proceso de imitación, las hijas están programadas para aprender de las madres. Idealmente, para que este aprendizaje nos deje satisfechas, queremos admirar a nuestra madre, inspirarnos en ella. Vemos el anhelo de Adrienne de sentirse orgullosa de su madre cuando intenta justificar en su mente la aventura de Malabar.

«Tal vez esto podría ser algo bueno... Quizá en otoño, cuando empezara el colegio, mi madre se vestiría para llevarme al colegio. No más abrigos sobre su camisón ni marcas de sábanas en su cara de sueño hinchada. Quizá se cepillaría el pelo, se pondría brillo en los labios y saludaría a los niños de camino al colegio con un alegre "hola", como todas las demás madres».[3]

Las madres que utilizan a sus hijas para que sean sus amigas no solo abusan de su poder, sino que, además, evitan crecer. Toman un atajo y, en lugar de enfrentarse a sus propias inseguridades y arriesgarse a establecer vínculos con mujeres adultas (que podrían juzgarlas o rechazarlas), disfrutan de la vulnerabilidad y la admiración de sus hijas.

Las películas y la literatura suelen idealizar la idea de madre e hija como mejores amigas. Para contar una historia, Hollywood dota a los niños de rasgos de personalidad parecidos a los de los adultos. Términos como «mi mini yo» o «mi íntima amiga» para referirse a una hija ocultan el importante papel de la orientación materna. Pero la idea de que madre e hija puedan ser mejores amigas olvida la asimetría de poder que existe entre ellas. Una hija ama a su madre, pero la necesita de forma diferente a una amiga. Necesita que su madre la cuide, la proteja y la oriente, una descripción de sus funciones que va mucho más allá de la amistad.

Enmarañamiento

Adrienne comparte una verdad rotunda para muchas mujeres cuando explica al lector que su madre fue «la persona más esencial e importante de mi vida, aunque yo deseara lo contrario».[4] En conclusión, Malabar abusa de la adoración de su hija. *Wild Game* es una espectacular manifestación de un tipo insidioso de abuso emocional, conocido como enmarañamiento o aglutinamiento.

El enmarañamiento, que ocurre en las familias aglutinadas, es lo que sucede cuando un progenitor manipula a un hijo para satisfacer sus propias necesidades. Salvador Minuchin, terapeuta familiar argentino que desarrolló la terapia familiar estructural, utilizó por primera vez el concepto de aglutinamiento para describir los sistemas familiares en los que los hijos adultos se adhieren a los intereses o las creencias de sus padres a expensas de los propios.[5]

El doctor Ken Adams adapta aún más el concepto de enmarañamiento explicándolo como un incesto encubierto o emocional en su libro *Silently Seduced* (Seducidos en silencio). El incesto encubierto ocurre cuando un progenitor enmarañado trata a su hijo como a una pareja. De este modo, se forma un matrimonio psicológico entre el progenitor y el hijo, en el que el hijo siente una lealtad indebida hacia su progenitor.[6]

Las hijas rara vez identifican el enmarañamiento parental como algo dañino, porque es agradable sentirse elegida. Ser elegida la favorita parece un privilegio, pero el precio es elevado. Cuando los cuidados de la madre son demasiado intensos, una hija enmarañada responde a los estados de ánimo, las necesidades y los deseos de la madre y pierde la oportunidad de conocer los propios.

Si el enmarañamiento describe la forma en que fuiste criada, quiero que sepas que es normal sentirse usada, cansada y resentida. Puede que sientas que ya has estado casada por todas las experiencias que te ha contado tu madre, así que evitas las relaciones íntimas. Inconscientemente, sientes que comprometerte con alguien es traicionar a tu mamá o, simplemente, es demasiado agotador.

Si te comprometes, lo más habitual es que elijas parejas poco estimulantes; de esta forma, mantienes intacto el vínculo primario con mamá. En esto radica la pérdida de elección: tu cuerpo está tomando decisiones por ti sin que tengas conciencia cognitiva. Al reconocer el legado del enmarañamiento, puedes alejarte del deber de ser la fuente de tu madre y reclamar tu propia autoridad.

Imitación

Toda hija está programada para imitar a su madre, ya sea incorporando sus pensamientos, emociones o sueños. «Una conexión con alguien que experimentan como sabia y buena crea posibilidades para que ellas también se sientan buenas».[7] Pero algunas madres carecen de las herramientas para orientar amorosamente. Cuando una madre se comporta de manera problemática (por ejemplo, teniendo una aventura amorosa, compartiendo los detalles con su hija y manipulándola para que sea partícipe), la psique de la hija imita la experiencia. Dicha imitación genera una culpa y vergüenza que no le pertenecen.

Wild Game ofrece una imagen vívida de imitación dañina cuando vemos a Malabar cargar sobre la espalda de su hija un legado de culpa y vergüenza. Sin tener en cuenta el bienestar de Adrienne, Malabar roba la inocencia de su hija y la mancha de infidelidad.

La infidelidad y las mentiras que conlleva suelen hacer que una persona se sienta culpable, pero no en el caso de Malabar. Ella nunca parece perturbada ni avergonzada por su comportamiento o por las acciones que realiza como madre. No manifiesta remordimiento alguno por robarle a su hija el tiempo que pasa fuera de la universidad. Tampoco se disculpa por involucrar a Adrienne en encubrir su amorío de modo tan flagrante.

Cuando una persona se comporta de manera desvergonzada, la vergüenza no reconocida suele transferirse a otra persona. Michelle Mays, fundadora y directora clínica del Center for Relational Recovery, en Leesburg, Virginia, explica muy bien esta dinámica: «Cuando alguien se comporta de forma ofensiva o violenta, la vergüenza que no han aceptado se derrama sobre la parte ofendida (la pareja traicionada) que acaba cargando con la vergüenza de lo ocurrido». En círculos terapéuticos, llamamos a este fenómeno psicológico *la culpa ajena*.

Culpa ajena

En *Wild Game*, Malabar tiene múltiples víctimas que podrían cargar con su culpa, pero Adrienne es la más pequeña y vulnerable. El delito principal de esta historia no es tanto la infidelidad matrimonial como el robo de la infancia de Adrienne, que es la verdadera pareja traicionada, mucho más que el marido de Malabar, Charles.

Vemos a Adrienne agobiada por una culpa y vergüenza que no le pertenecen. «Siempre que mi madre estaba fuera, supuestamente con Julia, pero en realidad estaba alojándose en una habitación de hotel con el mejor amigo de su marido, era yo quien debía cuidar a Charles».[8]

Aunque Adrienne describe el cuidado de su padrastro como una tarea que «no es difícil», se trata de una carga emocional que no le pertenecía. Malabar puso a su hija en un aprieto psicológico muy complicado.

> «Lo único complicado con Charles eran las mentiras… Al principio, parecía sencillo, pero con el tiempo se convirtió en un gran peso. Cuando mientes a alguien a quien tienes aprecio, y yo quería a Charles; y mucho más cuando estas mentiras resultan tan frecuentes que terminan convirtiéndose en algo más verdadero que la propia verdad, pierdes lo único que importa: la posibilidad de una conexión real. Perdí la capacidad de conectarme con Charles el día que la primera mentira salió de mis labios. Con el tiempo también empecé a perder la capacidad de conectarme conmigo misma».[9]

Podemos ver el conflicto de Adrienne. Es como si fuera ella la que engaña en lugar de su madre. La niña carga con la culpa de su madre y, en el proceso, pierde su inocencia.

La escandalosa falta de orientación de Malabar se intensifica cuando se enfrenta a la posibilidad de ser descubierta. En ese momento llama a Adrienne, que está en la universidad, y exclama: «Ben lo es todo para mí. Absolutamente todo. No vale la pena vivir si lo pierdo».[10]

El enmarañamiento emocional se agrava hasta convertirse en una crisis cuando Malabar comparte sin ningún tipo de pudor sus pensamientos más íntimos, y Adrienne descubre la falta de valor que tiene a los ojos de su madre. «Si Ben lo era todo para mi madre, entonces ¿qué era yo? ¿Acaso no valía la pena vivir por mí también?». Pero, por otro lado, su amor y lealtad pertenecen a Malabar. Teme por la vida de su madre. No tiene opción. Cuando Malabar entra en un trance, Adrienne hace acopio de su valiosa energía, abandona sus estudios universitarios y rescata a su implacable madre.

En *Wild Game*, la orientación materna resulta desgarradora al ver cómo Malabar orienta mal a Adrienne. Sus lecciones incluyen seducción, secretos y manipulaciones. Si tu madre te pone en el papel de su amiga, quizá creas inconscientemente que te corresponde hacerla feliz o afirmar su maternidad, o que depende de ti darle sentido a su vida. Es posible que tengas que lidiar con la ambivalencia, y te sientas culpable por querer tu propio espacio.

El modelo de feminidad y la orientación materna

La orientación materna no goza de gran estima cultural por lo que muchas madres bienintencionadas no se sienten seguras a la hora de modelar la fuerza femenina para sus hijas.

Entrenar la feminidad, o aprender el «código femenino», repercute no solo en el trabajo que realizan las mujeres, sino también en cómo deben comportarse con los hombres. El código femenino enseña a las mujeres a servir, seducir y someterse a los hombres en tanto que compiten entre ellas por la atención masculina. Las madres que son conscientes de estos mensajes culturales intentan minimizar el impacto del código de las chicas en sus hijas.

A través del monitoreo de los medios de comunicación, compartiendo las tareas domésticas con su pareja y sus hijos varones, y celebrando los logros y el talento de sus hijas, las madres sabias hacen todo lo posible por mitigar el entrenamiento dañino de la feminidad. Pero es posible que generaciones de herencia materna transmitan el código de «las chicas» entre madres e hijas, y que minen, en silencio, esta orientación materna más comprometida.

El código femenino tóxico se manifiesta de muchas maneras, como, por ejemplo:

- Competir con las hijas por la atención de su pareja.

- Hacerlas realizar tareas del hogar con un peso de resentimiento.
- Mostrar preferencia por los hijos sobre las hijas.
- Utilizar recursos adictivos para evadirse de la realidad.

Es comprensible que las madres puedan sentir tristeza por la pérdida de su propia juventud y belleza a medida que sus hijas se convierten en mujeres jóvenes. Pero si las madres no logran manejar esto adecuadamente, las hijas perderán una guía confiable y puede que se les arrebate incluso la alegría de una etapa que es necesaria compartir con ellas. Si esto sucede, si las madres compiten con sus hijas, es muy probable que lo que les estén transmitiendo en realidad es que no se puede confiar en las mujeres.

La influencia cultural como orientadora

Sin una orientación materna sana, las hijas están a merced de las influencias culturales que construyen la feminidad. Ser mujer es un hecho biológico, pero la «feminidad» es una creación social y cultural, basada en múltiples factores sistémicos. Durante generaciones, las mujeres han aprendido que su valor proviene de ser agradables y atractivas y, si bien la educación y las opciones profesionales a las que pueden acceder las mujeres se han ampliado, sin embargo, mostrar el enfado en el entorno laboral sigue siendo un privilegio de los hombres.

Los medios de comunicación también cumplen un papel relevante en la formación de la feminidad ya que la publicidad y el entretenimiento utilizan el cuerpo femenino y lo exponen desde una «mirada masculina» que lo cosifican. Marissa Korbel, editora de Rumpus, hace un trabajo notable al explicar cómo las mujeres se ven afectadas por la formación de la feminidad cuando explica su propia experiencia:

«Por un lado, [la cultura me decía] que tenía control, autonomía y responsabilidad sobre mi cuerpo, mis decisiones, mi
vida. Por otro, [la cultura en general me enseñaba que] en
realidad yo no sabía lo que más me convenía. No se podía
confiar en mí para decir cómo eran las cosas. Mi madre lo
tenía más claro. Mi padre. Mis maestros. Las personas que
eran mayores que yo en general. Y luego, cuando se trataba
de mi deseo, los hombres sabían, o se suponía que sabían, lo
que más me convenía. Excepto los malos. Si solo fuera más
fácil saber cuáles eran los malos».[11]

La programación cultural afecta a madres e hijas, y complica la
tarea de orientación materna en cuestiones de sexualidad. Como
suplentes de nuestras madres, las observamos para formarnos una
brújula interna que dirige los deseos y sentimientos sobre nuestros
cuerpos. Muchas de nosotras nos sentimos desorientadas cuando
nuestro cuerpo se desarrolla y sentimos, por primera vez, deseo sexual. Confundidas por el mensaje contradictorio que nos pide que
seamos buenas (santas, puras y sacrificadas) y malas (sexis, eróticas
y seductoras) al mismo tiempo, no estamos seguras de cómo nave-
gar los sentimientos eróticos de una manera sana. Cuando nuestra
madre no ha hecho las paces por su cuenta con este mensaje contradictorio, debemos buscar otras guías por nuestra cuenta.

Padres e hijas

Cuando se trata de orientar, las hijas se benefician si sus padres están implicados. Los estudios demuestran que los padres que valoran
el vínculo con sus hijas, estas tendrán más probabilidades de desarrollar un apego seguro.

La principal tarea del padre es proteger y apoyar a la madre para
que pueda construir una base para su hija en los primeros meses y
años, pero una vez que esta base está conseguida, los padres tienen

más tiempo para intervenir en la relación con sus hijos. Las investigaciones revelan que la sensibilidad que tiene un papá para el juego podría ser un elemento esencial del proceso de apego con su hijo como lo es la sensibilidad del cuidado materno. El juego es el lenguaje del amor y la orientación paterna.[12]

La orientación de un padre a través de los elogios, los límites adecuados y el tiempo compartido aumenta la confianza de la hija. Los estudios demuestran que, si un padre disfruta con su hija y fomenta sus destrezas naturales, esta tiende a considerarse más capaz. Las investigaciones también demuestran que las hijas cuyos padres se implican en las tareas escolares y las alientan a progresar confiando en sus capacidades tienen niveles más elevados de sociabilidad, un mejor rendimiento en la escuela y menos problemas de comportamiento. También tienen más probabilidades de conseguir trabajos bien pagados en la edad adulta.[13]

Por desgracia, los progenitores mal orientados compiten a veces por el amor y la devoción de sus hijas. Desconocen una verdad importante: cada progenitor es necesario y tiene un propósito único. Ambos no pueden ser «el favorito» todo el tiempo. Es mucho más beneficioso para los hijos que los padres se turnen en el papel de orientador principal. Los hijos aman a sus padres o cuidadores incondicionalmente y quieren que sean felices y es muy injusto para los hijos tener que llevar la carga de elegir a uno u otro.

Si tus padres te pusieron en la posición de elegir un bando, es muy probable que vivas obsesionada por la tristeza de haber sido puesta en el centro de sus inseguridades. Parte de tu sanación consiste en soltar esta carga emocional que de ninguna manera te correspondía.

Padres como orientadores sexuales

Las hijas aprenden sobre sexo de ambos progenitores, ya que, a medida que crecen, observan cómo sus padres tratan a su madre para aprender cómo se comportan los hombres con las mujeres. Cuando un padre deja de lado sus aficiones y su trabajo para pasar tiempo con la madre, la hija observa que la mamá es una prioridad para él. Cuando una madre y un padre disfrutan el uno del otro, juegan juntos y se muestran afecto el uno al otro, una hija está fuertemente protegida de las lecciones culturales dominantes fuera del hogar.

Pero los padres son producto de nuestra cultura y de la ideología que impregna nuestro panorama sexual, tal y como comentamos en el capítulo 5. Como tales, no es raro que las hijas vean a sus padres juzgar y comentar el aspecto de las mujeres. Los padres no son conscientes del impacto que tienen y de su responsabilidad en la orientación sexual, por lo que puede pasar que tengan con sus hijas la «charla sobre la forma de vestir» durante la cena o flirtear con las camareras en un restaurante. Lo que las niñas aprenden de esos padres es que el poder femenino viene acompañado del atractivo sexual, que ser sexi llama la atención. Las manifestaciones de esta doble moral sexual enseñan a una hija cómo comportarse, y perpetúan los mensajes sexuales de la cultura dominante.

Uno de los principales problemas que existen a la hora de orientar a las niñas hacia una sexualidad sana es la facilidad con la que se accede a la pornografía, algo que, además, no se considera un problema.

Respecto a esto, recuerdo que una colega me contó que una paciente le comentó: «Veo pornografía desde los doce años… ahora por fin puedo participar de ella». Incluso una paciente mía, que tiene un doctorado y una ajetreada carrera, me dijo que nunca había sentido tanto poder en su vida como cuando intercambió sexo por dinero a los veintipocos años. «Él nunca lo admitiría, y yo no se lo contaría jamás, pero estoy segura de que, si mi padre se enterara por alguna casualidad, se sentiría muy orgulloso.». La sensación de María sobre cómo se hubiera sentido su padre puede o no ser cierta, pero el mensaje es claro: el sexo, los hombres y el poder están relacionados.

Vergüenza sexual

Todas las mujeres en una cultura patriarcal son muy susceptibles a la vergüenza sexual, pero el legado de mensajes sexuales dañinos puede intensificarse para los grupos de mujeres marginadas.

Las mujeres de color y las lesbianas, que no encajan en las normas heterosexuales de la raza blanca, se convierten en blanco de atención sexual no deseada en los medios de comunicación y el cine.

Las lesbianas suelen ser obligadas a enfrentarse activamente a su sexualidad de un modo que no ocurre con las mujeres heterosexuales.[14] Para una lesbiana, la cuestión de la orientación materna se torna compleja cuando mira a su madre para entenderse a sí misma. Las madres y las hijas ya tienen bastantes dificultades a la hora de abordar el tema del sexo, pero si a todo esto le añadimos la homofobia, es una invitación para que la situación empeore y contamine la autopercepción de la hija. Cuando la identidad sexual amenaza la pertenencia, es comprensible que las hijas puedan ocultar la verdad a sus madres para evitar un posible rechazo. Las hijas que no pueden acudir a sus madres para hablar de sexo y hacerles preguntas, por la razón que sea, pueden llevar una vida secreta, lo cual no solo genera soledad, sino que es un caldo de cultivo para adicciones y otros comportamientos perjudiciales.

Los problemas que genera la pérdida de orientación materna

Como hija puede que no hayas recibido la orientación que necesitabas de tu madre. Quizás aprendiste que no era seguro ser diferente; puede que hayas detectado la esperanza que tu madre tenía en que tú fueras igual a ella.

Puede que para evitar las críticas hayas aprendido a doblar la ropa, a arreglarte el pelo tal como ella quería que lo hicieras, y a apartarte, dejarla tranquila y no molestar cuando estaba estresada. Si esto fue así, también es muy probable que aprendieras a guardarte tus opiniones si diferían de las suyas.

O tal vez tu madre necesitaba que la superaras y te convirtieras en algo mejor, entonces tenías que ser increíble para que ella pudiera sentirse mejor consigo misma. Tenía poca paciencia con tus errores porque tu comportamiento reflejaba su habilidad para maternar. Debías darle sentido a su vida no vivida.

Si te identificas con esto es posible que sientas ansiedad con frecuencia, porque tu comportamiento y tus logros no reflejan tus verdaderos deseos. Tal vez tu vida parece seguir el currículum de tu madre en lugar de tu propio camino.

Vivir sin recibir la adecuada orientación de una madre puede llevar a algunas de las siguientes características:

- Cuidado excesivo de las personas en las relaciones.
- Profunda inseguridad.
- Dificultad para tomar decisiones que reflejen tus propios deseos.
- Culpa crónica y una creencia de que nunca eres lo suficiente (para tu madre).
- Comparación constante con otras chicas y mujeres.
- Insatisfacción con tu imagen y aspecto físico.
- Lealtad a personas que abusan de ti, normalmente, tu madre o personas como ella.
- Implicación excesiva con tus propios hijos, con abandonos periódicos para cuidar de tu madre en su lugar.

Si tu madre no te orientó de manera sana es difícil que te sientas completa y reconozcas el valor que tienes. La doctora Christiane Northrup escribe: «Nuestra cultura transmite a las niñas el [falso] mensaje de que sus cuerpos, sus vidas y su feminidad exigen una disculpa».[15] Esto vuelve difícil el sentido de pertenencia.

Lo que más queremos es pertenecer y sentirnos incluidas con otras mujeres, pero en el camino quizá descubramos que pertenecer significa ocultar nuestra fuerza. Para encajar, pasamos desapercibidas. En una cultura que devalúa cualidades como la empatía, la colaboración y la conexión, hacernos cargo de nuestras cualidades puede parecer una desventaja.

Parte del dolor y el anhelo que se produce por haber sido criadas sin amor materno proviene del poder que le has otorgado a tu madre. Sanar significa reclamar tu propio poder de una manera sana y constructiva. Convertirte en la autoridad de tu vida puede requerir que encuentres nuevas guías y modelos, personas que te inspiren. Sanar la sensación de haber sido criada sin amor te brinda la oportunidad de reconstruir tus sueños y objetivos y dejar de disculparte por ser mujer.

ENCONTRAR ORIENTACIÓN 🖉

- ¿Qué tiene de bueno ser mujer?

_____

_____

_____

- ¿Qué tiene de difícil ser mujer?

_____

_____

_____

- ¿Alguna vez me defendió otra mujer? ¿Qué sentí?

_____

_____

_____

- ¿Cuándo fue la última vez que defendí o apoyé a otra mujer?

  _____

  _____

  _____

- ¿Cómo son las mujeres?

  _____

  _____

  _____

- ¿Admirabas a tu madre?

  _____

  _____

  _____

- Tu madre, ¿tenía amigas? ¿Eran relaciones felices?

  _____

  _____

  _____

- ¿Qué aprendiste de tu madre y otros cuidadores acerca del sexo?

  _____

  _____

  _____

- En tu vida, ¿hay alguna mujer que admires, en la que puedas confiar?

  _____

  _____

  _____

Basándote en las respuestas a las preguntas anteriores, identificarás en qué áreas necesitas que te orienten. La orientación requiere un ejemplo a seguir. En tu vida, ¿quién parece haber resuelto el problema al que te enfrentas? Esa persona, ¿cómo trata a sus amigas? ¿Les agrada a otras mujeres?

Cuando encuentres un ejemplo a seguir, pasa tiempo con esa mujer. Si es alguien que aparece en la televisión o en una película, imagina lo que haría. Sustituir la orientación materna es tu oportunidad para elegir a mujeres que admiras y aprender de ellas.

8

CUANDO LA FALTA
DE AMOR MATERNO LLEGA
A LA CRUELDAD

Después de unos años de trabajar estrechamente con mujeres que habían sufrido la falta de amor materno advertí que este trauma abarca un amplio espectro. Si bien no es agradable para ninguna de nosotras, algunas situaciones son más graves que otras.

¡Advertencia! En este capítulo abordaré lo que ocurre cuando las hijas experimentan la crueldad materna, de manera que, si crees que pueda ser demasiado para ti, puedes saltártelo. En cambio, si has sobrevivido a una madre abusadora, este capítulo es para ti. Ten en cuenta, de todos modos, que puede que te sea difícil de leer. Sanar, identificar, comprender y recordar, puede ser tan doloroso como el abuso original.

Judy y Édith

La crueldad materna cobró vida en el cine en dos premiadas interpretaciones de mujeres emblemáticas que llevaron la música a nuestros

corazones: Renée Zellweger, como Judy Garland, en *Judy**, la gana-
dora del Óscar de 2019, y Marion Cotillard, como Édith Piaf, en *La
Vie en Rose***, de 2007.

Ambas películas retratan a dos niñas que experimentaron la crueldad y el abandono maternos en los primeros 24 meses de vida. Nacidas
de mujeres que no las deseaban y que no podían cuidarlas sufrieron
inmensamente mientras se abrían camino en la vida. Trágicamente, y
con una inquietante similitud, ambas murieron muy jóvenes.

Judy Garland, la querida Dorothy de *El mago de Oz*, murió a
los 47 años de complicaciones relacionadas con el alcohol y las drogas. Édith Piaf, a veces llamada la Judy Garland francesa, también
murió a los 47 años por complicaciones hepáticas, relacionadas con
el alcohol y las drogas. En el transcurso de sus vidas cortas y turbulentas, ambas mujeres tuvieron enormes dificultades, se casaron y
se divorciaron numerosas veces, tuvieron problemas para adminis-
trar el dinero, lo ganaban y lo perdían sin control, y tuvieron que
luchar con problemas de salud y adicciones.

A los once años, Judy Garland «cantaba como una mujer que la
triplicaba en edad, con un corazón roto».[1] Édith Piaf, adorada por
los franceses, también tenía una voz de una madurez conmovedora
cuando todavía era una niña. A los siete años ya cantaba en la calle
y cautivaba a los transeúntes.[2]

Cuando los padres de Judy, que eran artistas de vodevil y ya
tenían dos hijas, descubrieron un nuevo embarazo buscaron a alguien que les practicara un aborto, pero no pudieron llevarlo a cabo,
de modo que Judy llegó al mundo sin recibir cariño ni protección
por parte de sus padres que no querían hacerse cargo de otro bebé.

A los tres años ensayaba y actuaba con sus hermanas y ya a los
diez su madre le suministraba pastillas para adelgazar y sedantes para
que no molestara por la noche. Judy compartió con Barbara Walters
una conmovedora historia sobre la orientación que le proporcionaba

---

* Goold, Rupert (2019). *Judy* [película]. David Livingstone.

** Dahan, Olivier (2007). *La Vie en Rose* [película]. Alain Goldman.

su madre: «Ella decía: "¡Sal ahí fuera y canta o te ataré a la pata de la cama y te partiré en dos!"». [3]

Al igual que Judy, Édith era hija de una artista —una cantante callejera— que no estaba preparada para ser madre. De bebé, Édith quedaba al cuidado de su abuela materna, una mujer anciana y débil. La niña estuvo a punto de morir por complicaciones derivadas de la meningitis y el hambre. Con el tiempo, una pariente la encontró llena de piojos y la llevó a vivir con su abuela paterna, que dirigía un prostíbulo. Aunque no era un lugar que normalmente consideraríamos adecuado para una niña, allí encontró por primera vez el consuelo. Una joven que trabajaba como prostituta la tomó bajo su ala y le dio afecto y ternura. Pero a los siete años su padre se la llevó de gira para actuar en el circo destruyendo su primer vínculo de amor de manera abrupta y trágica.

Sin el amparo de los cuidados maternos ambas niñas estaban a merced de los hombres que las rodeaban. Por ejemplo, Louis Mayer, el director de los estudios MGM, obligaba a Judy a restringir la alimentación, la llamaba «mi pequeña jorobada» burlándose de la curvatura de su columna vertebral y abusó sexualmente de ella. [4]

También Édith sufrió violaciones sexuales por parte de su padre biológico. Al igual que Judy, la postura de Édith nunca fue del todo erguida, ya que también tenía la columna vertebral curvada. Ella también pasó hambre con frecuencia y sufrió abandono crónico y con diecisiete años abandonó a su padre y el circo y se dedicó a cantar por las calles de París. [5]

En una entrevista Judy Garland dijo que «el único momento en que me sentía amada de niña era cuando estaba en el escenario, actuando» y se refirió a su madre como la «verdadera bruja malvada del Oeste». [6] Del mismo modo, Édith Piaf brillaba con la respuesta del público, que le daba un sentido de pertenencia. Encontró el éxito cuando el dueño de un club nocturno la descubrió y la subió a un escenario. A los dieciocho años, su carrera acababa de empezar cuando quedó embarazada y dio a luz a una niña. Repitiendo la forma de amar de su madre abandonó sistemáticamente a su hija, dejándole las tareas maternas al padre de la niña. Trági-camente su hija murió de meningitis poco antes de cumplir los dos años.[7]

Judy también experimentó un embarazo precoz. Tuvo su primer aborto a los diecinueve años, y un segundo a los veintitrés. En el primero de sus muchos intentos de suicidio, Judy se cortó la gargan-ta con veintiocho años. Con una botella de vidrio rota. Contó que perdió la confianza en sí misma y que todo lo que quería hacer era comer y esconderse. Judy tuvo cinco matrimonios infelices, el últi-mo de los cuales fue con un hombre veinte años menor.[8]

El último marido de Édith Piaf, después de muchas relaciones desgraciadas, también era veinte años menor que ella.[9] Ambas mujeres tuvieron una dependencia a las drogas y el alcohol duran-te toda su vida y, a pesar de los ingresos que les reportó la fama, tuvieron problemas por la falta de vivienda y las deudas. Ambas sufrieron terribles problemas de salud, como la hepatitis, el agota-miento, enfermedades renales, «crisis nerviosas», fluctuaciones de peso y diversas lesiones.

De adulta, Judy llegó a verse tan afectada que no asistía a sus propias actuaciones, llegaba tarde o se subía al escenario alterada por las drogas y el alcohol. En una ocasión el público la obligó a aban-donar el escenario con abucheos mientras le arrojaba comida.[10] El único lugar donde se había sentido amada se convirtió en una pesa-dilla. Al igual que Judy, las últimas actuaciones de Édith fueron una desesperada exhibición de problemas de salud y adicción. Colocada con morfina y alcohol luchaba por mantenerse en pie y recordar sus canciones. A pesar de su triste final, Francia lloró su muerte, y miles de personas se alinearon en las calles al paso del cortejo fúnebre.[11]

Trauma complejo

Al igual que Judy Garland y Édith Piaf, las mujeres con formas que han vivido una falta de cuidado materno así de extremo tienen síntomas propios del trastorno de estrés postraumático complejo (TEPT complejo).

Este trastorno difiere del trastorno de estrés postraumático (TEPT) pues sobreviene por la repetición de acontecimientos traumáticos. Cuando los niños padecen abuso por parte de los padres, los incidentes rara vez son un hecho aislado y el trauma infantil es continuo.

La naturaleza prolongada de este tipo de adversidad origina síntomas graves y permanentes. Es posible que no desaparezcan porque vivir con miedo constante modifica el cerebro durante los primeros periodos de crecimiento. En la investigación que Judith Herman realizó sobre el trastorno de estrés postraumático complejo, documenta a los adultos que reciben tratamiento psiquiátrico y señala que «los sobrevivientes de abusos en la infancia exhiben significativamente más insomnio, disfunción sexual, disociación, ira, tendencias suicidas, automutilación, drogadicción y alcoholismo que otros pacientes».[12]

Si creciste con una madre cruel que te aterrorizaba, provocaba que tu sistema nervioso autónomo se mantuviera en un estado de sobreestimulación. Así pues, bajo una amenaza constante, el desarrollo de las conexiones cerebrales destinadas al comportamiento social quedó relegado frente a las conexiones destinadas a la seguridad. Las neuronas no utilizadas se volvieron más débiles y menos capaces de llevar señales que gobiernan la atención y la regulación del estado de ánimo. A su vez, las conexiones destinadas a la supervivencia cobraron fuerza para mantenerte alerta ante las señales de peligro.

El trauma complejo explica por qué de pequeña eras una niña nerviosa, hiperactiva, ansiosa o irritable y por qué es posible que sigas sintiéndote así de adulta. Como alguien que se anticipa a un golpe, tu cuerpo y tu mente están preparados para la batalla.

Saber que el miedo precoz y continuo ha moldeado tu sistema nervioso y que tu cuerpo está cumpliendo su función para protegerte puede ser muy alentador. Es posible que las reacciones que provocan que te sientas avergonzada y diferente de los demás empiecen a tener sentido. No estás dañada, lo que sucede es que, sencillamente, tu cuerpo está programado por la biología para protegerse y responde con gran rapidez, sin que seas consciente de ello, a cualquier cosa que recuerde el abuso infantil. En otras palabras, no «eliges» una reacción que pueda ser exagerada o aterradora para ti y para los demás, tienes una respuesta automática y somática (basada en el cuerpo).

Aunque la neuroplasticidad cerebral ofrece la posibilidad de modificar y sanar estas reacciones, los adultos con TEPT complejo tienen por delante un proceso de sanación más arduo. Por este motivo lo considero una forma de falta de amor materno diferente que provoca un árido paisaje del miedo y de aislamiento crónico que lleva a una herida relacional mucho más profunda y dolorosa.

Este tipo de comportamiento materno comparte síntomas con los trastornos de personalidad, como el trastorno límite de la personalidad, el trastorno bipolar y el trastorno de identidad disociativo, pero a diferencia de estos no lo considero un trastorno, sino una profunda herida de apego que genera una constelación de síntomas que hacen que la vida sea insoportable.

Para quienes hayan padecido una situación así, es común tener patrones de inestabilidad en las relaciones: como idealizar a alguien un momento dado (pero al siguiente sentir que esa misma persona es cruel), el miedo al abandono, la dificultad para dormir, los trastornos alimentarios, los problemas anímicos y la dificultad para encontrarle sentido a la vida son habituales. Las adicciones a sustancias o personas pueden parecer una balsa salvavidas, así como también pueden aparecer los pensamientos suicidas y las autolesiones.

De adultas, las mujeres que han sufrido este tipo de abusos tienen los síntomas físicos y psicológicos de un trauma. Algunos síntomas físicos pueden ser dolor crónico de espalda y cuello, fibromialgia, migrañas, problemas digestivos, colon espástico o síndrome del intestino irritable, alergias, trastornos de la tiroides y otros trastornos endocrinos, fatiga crónica y algunas formas de asma.

Es muy probable que muchos de los problemas que descubrió el doctor Felitti en el estudio original de las EAI que hemos comentado tenga que ver con esto. Para aquellas mujeres que han sufrido este tipo de situaciones en la infancia, no existe una experiencia corporal de comodidad o seguridad porque la persona destinada a ser nuestra fuente de consuelo se convirtió en nuestra fuente de temor.

Señales incomprendidas del trauma complejo

Aunque algunas madres son crueles, estoy convencida de que la crueldad materna no es un deseo consciente de hacer daño al propio hijo. Las madres abusivas suelen haber recibido iguales tratos, algo que se transmite de una generación a otra.

En cualquier caso, si eres una hija que ha sufrido a una madre cruel, es probable que a la niña herida que llevas dentro poco le importen los motivos por los cuales su madre la trató mal. Jamás lo entendiste cuando eras pequeña y puede que no lo entiendas ahora. Simplemente, es horrible. Aunque entiendas que la crueldad de tu madre no fue intencionada, el sufrimiento que te causó es real, profundo y necesita ser reparado.

Esta falta de amor materno severo proviene de padecer a una madre vulnerada que te atemorizó durante los años en que dependías de ella. En lugar de cuidarte, protegerte o guiarte, te gritó, te pegó, te avergonzó o te abandonó. En consecuencia, tu relación contigo misma y con los demás está devastada.

Es probable que sufras graves vaivenes emocionales que te afecten a ti y a cualquiera que esté contigo. También puede que tengas raptos de energía, pero sin dirección. Las noches pueden ser aterradoras y puede que te cueste conciliar el sueño. Cargas con una inquietante confusión respecto de tus necesidades y deseos básicos y una profunda sensación de desamparo que crea necesidad imperiosa de huir emocionalmente.

Desconcertados por la multiplicidad de comportamientos que parecen trastornos de la personalidad, los profesionales, a pesar de sus buenas intenciones, no siempre son capaces de ayudar. Quizá hayas encontrado un alivio temporal en un diagnóstico clínico o en una medicación, pero rara vez dura en el tiempo. Esto se debe a que el diagnóstico de un trastorno de la personalidad pasa por alto la herida original que subyace a tus comportamientos. Sin una respuesta sensible y competente al origen de tu reactividad, te seguirás despertando con síntomas inquietantes e implacables y seguirás teniendo manifestaciones de un desamor que nadie ve y del que nadie quiere hablar.

Sobrevivir a una madre con estas características es un trauma indescriptible, difícil de reconocer. Quizá no podamos verlo porque en el fondo de cada uno de nosotros hay una personita que recuerda la vulnerabilidad de ser totalmente dependiente, y la idea de que una madre pueda traicionar esta dependencia es aterradora. Infunde miedo primitivo en nuestro cerebro de mamífero. El desamparo y la devastación de vivir una situación así es el motivo por el que creo que tener una madre cruel y temible es la peor adversidad de la infancia.

Traición

Sabemos que no todos los niños que experimentan eventos horribles y adversidad desarrollan síntomas de estrés postraumático Esto se debe a un factor determinante: si un adulto conocido y estable puede ayudar a entender lo que está ocurriendo, los niños son capaces de tolerar la adversidad. El problema es que cuando una madre es la fuente del temor, su amor es el acontecimiento traumático y no hay forma de entenderlo. El peligro se funde con el amor, el instinto de supervivencia cede ante la necesidad universal de vincularse y surge lo que se conoce como un «vínculo de traición con la madre».

Cuando el amor de una madre es amenazante, el cuerpo recuerda el dolor a nivel molecular. Una madre abusadora genera estrés, porque tu capacidad de afrontamiento se ve abrumada y eres demasiado pequeña para protegerte. Puesto que el amor de madre es tu principal defensa frente a la adversidad, cuando es ella la amenaza, su cuidado es una profunda traición relacional.

Para establecer un vínculo con una madre poco amable, nuestra imaginación misericordiosa trabaja incansablemente para crear una madre diferente de la que tenemos. Creamos una que nos ama, que nos cuida y que no traiciona nuestra vulnerabilidad. Nuestro cerebro proyecta una madre diferente para ayudarnos a sobrellevar el miedo constante. Lamentablemente, con el fin de vincularse, estos cambios cerebrales crean problemas de personalidad a largo plazo. Sobrevivir a este tipo de abusos puede haber provocado en ti patrones disociativos automáticos, culpa crónica y la predisposición a entablar relaciones con otras personas poco fiables.

Reconocer el abuso

Describir a una madre abusadora no es fácil ya que no nos gusta pensar en madres que lastiman a sus hijos. La idea es tan repugnante que nuestra negación colectiva nos protege de ni siquiera pensarlo. Periódicamente leemos en las noticias tragedias que son producto de la negligencia materna o vemos una película en la que se retrata a una madre destructiva, pero, en general, negamos que las madres puedan lastimar a sus hijas.

Muchas mujeres que han sufrido esta carencia de amor materno tan severa me envían correos electrónicos describiendo sus propias experiencias. Escriben cosas como: «Siento que debería ser feliz, pero no lo soy. Siento un dolor y una profunda pena por lo que nunca fue y nunca será. Es difícil recordar y saber que soy digna de ser amada, aunque no lo fui.

Me siento profundamente triste y sola, y al mismo tiempo celebro mi propia capacidad de ser madre, de amar, de cuidar. Es como si tuviera una herida oculta y abierta de la que ya debería haberme curado, pero que llevaré por dentro todos los días de mi vida.»

Este es otro ejemplo: «Mi propia madre me quemó en la hoguera y me culpa por encender el fuego. Es una historia muy larga. No he tenido contacto con ella en más de una década. Me gustaría que desapareciera ese dolor.»

Para llegar a entender y poder sanar este tipo de situaciones, resulta útil hablar sobre los diferentes tipos de abuso, porque para muchas de vosotras estos comportamientos pueden parecer normales. Es imposible desarrollar nuevas habilidades para que os protejáis si no sois conscientes de cómo os hirieron y de dónde necesitáis ayuda.

Abuso emocional

Definir el abuso emocional es complicado porque, en realidad, no podemos ver el daño. Para empezar, revisemos lo que ya hemos explicado sobre las necesidades infantiles. Dado que la falta de protección y cuidado adecuado cambia las estructuras del cerebro, su ausencia es perjudicial.

La falta de cuidado y protección es una forma de abandono, y el abandono es una forma de abuso emocional. A veces, el abandono es una forma «silenciosa» de abuso: no es evidente porque sucede en secreto. Esto explica por qué puede llevar décadas identificar, comprender y recuperarse de este tipo de abuso emocional.

Como vimos en el capítulo 7, cuando una madre trata a su hija como a una amiga también está cometiendo una forma de abuso emocional. La madre que le dice a su hija: «Lo eres todo para mí... No sé qué haría sin ti», no está ejerciendo de madre, está creando un lazo emocional confuso para su hija.

La niña escucha estas palabras y puede sentirse especial («soy la favorita»), lo cual es agradable al principio, pero la prepara para la decepción y la aleja del resto de la familia. También puede sentir temor («¿Mamá está bien?») o volverse excesivamente solícita («Pertenezco a mamá y mi función es protegerla y hacerla feliz»). Al crecer, esta niña puede sentir que traiciona a su madre si tiene otros intereses o amigos, o si quiere mudarse.

Los insultos son formas «ruidosas» de abuso emocional. Comentarios crueles como «Ojalá no hubieras nacido» o «Eres estúpida» impactan en el cuerpo como una bofetada física. Otras formas más sutiles y matizadas de maltrato emocional, como una mirada despectiva o un abrazo rechazado, son difíciles de identificar, pero también dejan secuelas, porque es la forma más básica de rechazo. Cuando una madre rechaza o degrada a su hija, puede que no haya testigos. Dejarla sola mientras intenta comprender los sentimientos negativos intensifica el daño.

Las madres emocionalmente abusivas rara vez reparan el daño que causan, y el hecho de que no lo reconozcan es lo que provoca un trauma psicológico perdurable.

La definición de *trauma* proviene de una palabra griega que significa «herida», «lesión en el cuerpo, la mente o el espíritu». El cuerpo, la mente y el espíritu están todos involucrados con las emociones. Obviamente, no podemos ver una herida en la mente o el espíritu como podemos ver un corte o un moretón. El trauma emocional es difícil de medir por esta misma razón. Pero el abuso emocional es psicológicamente traumático porque traiciona una función fundamental de la paternidad: viola la confianza. Sin la capacidad de confiar en el amor de una madre, las hijas no saben cómo quererse a sí mismas.

Sin una red de seguridad emocional el joven cerebro en desarrollo se centra en buscar seguridad en otra parte, en lugar de jugar, relajarse o establecer vínculos con los demás. De este modo, una madre emocionalmente abusiva distorsiona la vida interior de su hija, y provoca adaptaciones de la personalidad que pueden acarrear problemas en el futuro. Por ejemplo, a las niñas con madres abusivas les cuesta hacer amigas porque les resulta difícil confiar.

La activación prolongada del sistema de respuesta al estrés (por falta de confianza) trastoca la arquitectura cerebral en desarrollo y se vuelve difícil gestionar las emociones, los estados de ánimo y los pensamientos. Las niñas se sienten inseguras y se comportan como tal. A veces, frías y frágiles; otras, infantiles y dóciles debido a que el desarrollo emocional se ha detenido y fracturado. Esto explica por qué las hijas de madres abusadoras pueden ser impredecibles o poco confiables. Reaccionar a la vida con la mente de una persona pequeña y temerosa es el legado del abuso, no una indicación de carácter o valor.

Abuso físico

El contacto físico entre una madre y su hija forma parte del cuidado. Las caricias de una madre son tan necesarias como el alimento, pero cuando el contacto de una madre es irrespetuoso o agresivo, deja secuelas perniciosas que pueden durar toda la vida. El caso de Caroline es un buen ejemplo.

De pequeña, Caroline recordaba que temía ahogarse cuando su madre le lavaba el cabello. «El agua me llegaba a la nariz, no podía respirar, pero ella me sujetaba la cabeza». Caroline lloraba y protestaba, pero eso no detenía la agresión de su madre.

Ahora a Caroline le cuesta lavarse el pelo y suele pasar muchos días sin bañarse. También les tiene pánico a los médicos, a los hospitales y a las agujas. Caroline padeció múltiples enfermedades infantiles y recuerda despertarse los «días de médico» con una sensación de pesadez y el cuerpo tenso y frío. Odiaba el olor a desinfectante de la clínica y, en cuanto entraba, comenzaba a sentir pánico, buscando una salida, pero su madre la agarraba firmemente del brazo. «Deja de preocuparte», insistía, apretándola con más fuerza.

Detengámonos un momento. Piensa en la última vez que tuviste miedo. ¿Te sirvió que alguien te dijera que dejaras de preocuparte? Verdad que no.

Caroline recordaba levantar la mirada y ver la cara de su madre, las cejas fruncidas, los labios apretados y una mirada fría. «Compórtate, me estás avergonzando», le gruñía. En una visita en particular, cuando llegó el médico, Caroline logró zafarse de su madre y comenzó a correr. Su madre la alcanzó y le dio una paliza en medio del pasillo de la clínica.

Al recordar este incidente en una sesión, la mente de Caroline se quedó en blanco, aun cuando sus ojos se llenaron de lágrimas. Su cuerpo se paralizó, su respiración se relenteció al tiempo que su mente se bloqueaba. Su cerebro se estaba disociando para escapar del dolor aún latente. En ese momento me acerqué a ella, le cubrí su regazo con una manta y me senté a su lado en silencio. Después de unos instantes empezó a calmarse. Cuando su respiración volvió a la normalidad, me levanté y empecé a realizar una desensibilización por movimientos oculares (EMDR)* para ayudarla a metabolizar el terror atascado en su cuerpo.

El manejo agresivo e intrusivo de la madre de Caroline reúne las condiciones para ser considerado abuso físico desde cualquier punto de vista y creó una herida relacional severa que ella trabaja hasta hoy para sanar.

Azotar a un niño

Durante mucho tiempo, los azotes han sido considerados una forma adecuada para «educar». Aunque los azotes puedan parecer eficaces a corto plazo, no existe ningún estudio que apoye la idea de que los golpes o el dolor físico produzcan resultados positivos a largo plazo.

---

* «Eye Movement Desensitization and Reprocessing» en inglés, en español, «Desensibilización y Reprocesamiento por medio de Movimientos Oculares».

Las investigaciones sugieren que los progenitores que azotan a sus hijos son, en realidad, incapaces de regular sus propias emociones. Azotar a un niño es un atajo, una forma de evitar emociones como el malestar, la ira o la impotencia de los progenitores. Estos justifican los azotes de todas las formas posibles, pero es un abuso de poder. Los azotes provocan miedo, agresividad, humillación y retraimiento en los niños. Dar un azote a un niño es lo contrario de cuidar, proteger u orientarlo.

En un estudio con niños expuestos a procedimientos médicos rutinarios y dolorosos, como inyecciones o extracciones de sangre, se demostró que la angustia anticipatoria ante el procedimiento doloroso intensificaba el dolor y la ansiedad.[13] A partir de este estudio, es comprensible que cuando un niño anticipa una paliza, la angustia anticipatoria se convierte en una parte de la experiencia angustiosa.

Cuando los azotes son frecuentes, un niño puede desarrollar angustia anticipatoria en tanto predice o espera el abuso. Se pone inquieto, nervioso o se retrae. Los dolores de estómago o de cabeza son normales. Durante el momento del azote, pueden ocurrir reacciones fisiológicas como palpitaciones, vómitos e incluso pérdida de control de esfínteres.

Los azotes crean estrés tóxico para el niño y para los hermanos que lo observan, y erosiona la confianza y la seguridad en la familia.[14] Los niños azotados sufren síntomas a largo plazo, como depresión, ansiedad y angustia emocional.[15]

Si te pegaban de niña es posible que rechaces tu cuerpo. Puede que te resulte difícil cuidar de ti misma (como recurrir a la atención médica y atención odontológica, hacer ejercicio regular y tener una alimentación sana) porque tu cuerpo ha sido un campo de batalla. Puede que te sientas validada al saber que la Academia Americana de Pediatría recomienda a los padres que eviten azotar a los niños por el motivo que sea, y algunos investigadores están luchando por incluir los azotes en la lista de experiencias infantiles adversas.[16]

Abuso sexual

No creo que nadie tenga dudas respecto de lo que es el abuso sexual y suponemos que la mayoría de las madres protegen a sus hijas de tales violaciones. Es inimaginable que una madre pueda participar en poner en peligro sexual a su hija. Sabemos que el abuso sexual infantil conduce a muchas formas de adicción y comportamiento autodestructivo. Y más que el abuso en sí, las mujeres lamentan el hecho de que nadie las haya protegido ya que sus madres o no las ayudaron o, en algunos casos, no les creyeron, sobre todo cuando el agresor era una persona que la madre amaba. Las madres que hacen la vista gorda cuando sus novios, sus maridos o sus propios padres violan sexualmente a sus hijas son parte del abuso.

Puede que seamos conscientes de que las niñas sufren abusos sexuales, pero el hecho de que una madre pueda ser la perpetradora es impensable. En su libro *A Mother's Touch* (El tacto de una madre), Julie Brand escribe sobre los abusos que sufrió a manos de su madre. Habla de cómo su madre la acariciaba durante la siesta. El abuso le resultaba extraño, pero como no había coerción, nunca lo consideró abuso.

De todos modos, el impacto duradero y a largo plazo del abuso sexual no se limita al dolor físico. No todos los abusos sexuales duelen físicamente. Las madres que se aprovechan de sus hijas para obtener el afecto y el contacto que necesitan corren peligro de cometer este tipo de abuso.

Cuando hay dolor de por medio, la ofensa es clara. Julie Brand habla de los humillantes enemas semanales que la obligaban a soportar. «Tenía que desnudarme y tumbarme boca abajo sobre una toalla de baño en el suelo de linóleo… la recuerdo sujetándome firmemente con el peso de su rodilla sobre mi espalda. No permitía que me levantara hasta que decidía que ya había aguantado bastante»[17]. Las violaciones de naturaleza sexual suelen llevar a un rechazo total de la propia sexualidad, o a un comportamiento sexual de riesgo.

Síndrome de la mujer maltratada

Las relaciones íntimas marcadas por frecuentes explosiones de ira son situaciones aterradoras. La psicoterapeuta Lenore Walker desarrolló el concepto del *síndrome de la mujer maltratada* a finales de la década de 1970 para describir los comportamientos y las emociones particulares que se desarrollan cuando una persona sufre malos tratos a manos de una persona de su círculo íntimo. Según la Coalición Nacional contra la Violencia Doméstica (NCADV por sus siglas en inglés), las víctimas de violencia doméstica comparten síntomas, que pueden ser los siguientes:

- Sentirse aisladas, ansiosas, deprimidas o indefensas.
- Sentir vergüenza de ser juzgadas y estigmatizadas.
- Sentir amor por la persona que les hace daño y creer que cambiará.
- Sentirse emocionalmente retraídas y sin el apoyo suficiente de familia y amigos.
- Negar que algo vaya mal o excusar a la persona que abusa de ellas.
- Esgrimir razones morales o religiosas para permanecer en la relación. [18]

Dado que la madre es la primera persona cercana y tiene acceso a nuestro cuerpo en todo momento, su crueldad es una forma de violencia doméstica. Si nos trata con agresividad o dirige su rabia contra nosotros, experimentamos un terror inimaginable. Al tener síntomas parecidos a los de las víctimas de la violencia de pareja, nos cuesta hacer amigos o encontrar un lugar al que pertenecer. Nos sentimos intrínsecamente malas. Casi unánimemente, las víctimas de la violencia por parte de una persona cercana creen que el maltrato doméstico es culpa suya. Las hijas de madres abusivas también.

Las niñas con madres abusivas rara vez hablan del abuso. De hecho, no suelen identificar en absoluto el comportamiento materno abusivo. Simplemente, parece normal. Las adaptaciones a la violencia íntima modifican la capacidad del cerebro para entender lo que está sucediendo, priorizando la seguridad sobre el aprendizaje y la comunicación. [19]

Las adaptaciones psicobiológicas al miedo provocadas por el abuso materno pueden ser duraderas y complicar las relaciones de la hija durante toda su vida. La NCADV explica cómo una persona que ha sufrido abusos por parte de una persona de su círculo íntimo tiene síntomas mucho después de dejar la relación.

Entre los síntomas de violencia doméstica se encuentran los problemas de sueño; los recuerdos intrusivos y los sentimientos de terror; evitar temas o situaciones que los recuerdan; sentimientos de desesperanza, ira e inutilidad; y ataques de pánico. [20]

Las hijas con este tipo de madres severas comparten estos síntomas. Idealizan al abusador (su madre), creen que merecen el maltrato y sufren una humillante pérdida de autoestima. Algunos profesionales utilizan el término *acomodación patológica* para describir lo que ocurre cuando un niño aprende a sobrevivir al maltrato. Acomodarse y apaciguar a una madre es una adaptación al miedo irremediable. Mientras se ocupa de los estados de ánimo de una madre abusiva, una hija pierde el contacto con sus propias sensaciones y capacidad de acción. [21] La acomodación patológica es la respuesta de parálisis biológica en acción, que puede explicar las dolencias físicas que acompañan el hambre materna severa. Un cuerpo paralizado duele.

Apego desorganizado: el estilo de apego perdido

Las mujeres que han sufrido abusos por parte de sus madres rara vez sintieron un apego *seguro* con alguien mientras crecían. Al principio, se adaptaron a una madre aterradora, y el vínculo fue traumático. Los vínculos traumáticos —fuertes vínculos emocionales entre una persona abusada y su abusador— se forman cuando los circuitos neuronales del peligro y el apego se activan simultáneamente y dañan el sistema de apego.[22]

Cuando se forma un vínculo traumático entre una madre y su hija, esta conexión tóxica afecta a todas las demás relaciones de la vida de la hija. El miedo destruye el sistema de apego y crea un apego desorganizado. El apego desorganizado es el poderoso legado de una madre dañina.

En el capítulo 2, hablamos de las categorías de apego seguro, ansioso y evitativo que provienen de la importante investigación de Mary Ainsworth. Ainsworth midió activamente los principios de apego de John Bowlby, examinando el comportamiento de cuidadores y niños pequeños cuando estos se reunían e interactuaban en su ahora famoso experimento llamado *situación extraña.*[23]

En un estudio posterior, Mary Main, alumna de Ainsworth, descubrió indicios de una cuarta categoría de apego cuando observó que algunos niños sin apego seguro se comportaban de forma diferente a sus compañeros ansiosos o evitativos cuando su madre salía y volvía a entrar en la habitación.

Cuando la madre volvía, estos pequeños primero corrían hacia ella, pero luego retrocedían o se alejaban corriendo. Algunos se hacían un ovillo o le pegaban a la madre. El primer impulso de buscar consuelo es evidente, pero a medida que la madre se acercaba, el niño se asustaba. Estos niños estaban «desorganizados» y desorientados, como lo demuestran las expresiones desconcertadas, paralizadas o dispersas de sus caras.[24]

Judy Garland y Édith Piaf vivían ambas con un apego desorganizado. Sus síntomas continuaron en la edad adulta y se intensificaron con el tiempo (y la falta de intervención terapéutica) en tanto ambas mujeres se enfurecían con sus amantes, montaban escándalos en restaurantes y tenían dificultades a la hora de gestionar su éxito profesional.

Cuando la vida se vuelve intensa, las mujeres que han sufrido este tipo de abuso materno extremo colapsan o montan en cólera. Colapsar o derrumbarse es una reacción de parálisis. Montar en cólera es una reacción de lucha o huida. Ciertas señales corporales (como los olores, los sonidos o el contacto) traen a la memoria la impotencia de los primeros años y desencadenan rápidamente la impulsividad y la disociación. Cuando se activan, las mujeres que han sufrido este tipo de abusos hacen un esfuerzo por calmarse a sí mismas o por identificar algo o a alguien que lo haga.

En el fondo, las mujeres con apego desorganizado creen que nadie está a salvo. Vivir de esta manera requiere alguna forma de automedicación. Tanto Judy Garland como Édith Piaf recurrieron a las drogas, el alcohol y las relaciones románticas para anestesiar el dolor de su infancia. A pesar de los problemas de salud, la pérdida del respeto de su público y los problemas para cantar, sus adicciones fueron en aumento. Pero sus historias no son la excepción, sino que la mayoría de las mujeres con apego desorganizado trabaja demasiado, gasta demasiado o come demasiado. También es posible que se abandonen en sus cuidados más básicos. Estas mujeres sufren subidones emocionales fugaces que enmascaran el dolor de no pertenecer a ningún sitio ni a nadie. Por lo general, su primera experiencia de seguridad humana y calidez verdadera proviene de un profesional capacitado para trabajar con traumas complejos del desarrollo.

Disociación

Cuando una amenaza supera nuestra capacidad para hacerle frente, la naturaleza nos protege del miedo alejándonos de la realidad tanto mental como físicamente. La disociación, un proceso parasimpático que bloquea el sistema nervioso en respuesta a un peligro inminente, es una reacción de supervivencia. Abandonamos, literal y temporalmente, el estado de conciencia a medida que nuestra respiración se ralentiza y nos quedamos inmóviles. Es la forma que tiene la naturaleza de prepararse para la muerte. No es un proceso consciente, sino automático. La disociación ocurre cuando sentimos que no hay ninguna otra opción ante una amenaza.

De bebés o niños, la realidad de una madre atemorizante nos plantea un dilema imposible: la persona que podría calmar nuestro temor es quien lo provoca. La única manera de afrontarlo es desaparecer.

Cuando las amenazas de la madre son constantes, también lo es la disociación, que se convierte en una forma de huir de las cosas intolerables que suceden, como lo que comenté que le pasó a Caroline durante la sesión al recordar una escena violenta con su madre.

La disociación puede experimentarse con síntomas como la visión en túnel, el sentido difuso del tiempo, el hormigueo en los oídos o la sensación irreal de ser otra persona o de estar en otro lugar. Una de mis descripciones favoritas de disociación es la que aparece en el artículo de Marissa Korbel en *Harper's Bazaar*, titulado «Sometimes you make your rapist breakfast» (A veces le preparas el desayuno a tu violador):

«La disociación suena aterradora, pero no es desagradable. A veces es como meterse en una cama cálida y acogedora, un lugar secreto y seguro donde puedo quedarme todo el tiempo que quiera. En realidad, lo que más me duele es el regreso a la realidad. Es entonces cuando lloro».[25]

Por eso muchas mujeres evitan sanar el trauma producido por este tipo de abusos: el torrente de miedo que provoca la idea de revivir todo aquello es demasiado terrible.

Los problemas vinculados a este tipo de trauma provienen de un temor relacional sin reparación relacional. Durante nuestra etapa de crecimiento, todo temor que no se repara provoca cambios permanentes en el cerebro. Esta es la esencia de un trauma complejo: cuando una madre no puede reconocer, disculparse y enmendar el daño causado, el miedo cambia las funciones cerebrales del niño. Como consecuencia, este sufre un sentido impreciso de la identidad y sentimientos vagos sobre la realidad.

La disociación te protegió cuando lo necesitabas, pero el hábito hace que los acontecimientos pasados sean difíciles de recordar. Ten la seguridad de que tu cuerpo recuerda la historia:

«El procesamiento cognitivo está íntimamente ligado a nuestro cuerpo... Todas las dinámicas relacionales tempranas con cuidadores primarios, traumáticas o no, sirven para orientar el desarrollo de la cognición y el sistema de creencias del niño, y estos sistemas de creencias influyen en la postura, la estructura y el movimiento del cuerpo».[26]

De manera consciente o inconsciente, nos guste o no, los recuerdos de nuestra vida están en tu cuerpo, configurando silenciosamente tu bienestar físico y mental, e intentando llamar tu atención a través de dolores corporales, pesadillas recurrentes y ansiedad crónica.

Una hija que está a merced de una madre fría, agresiva o ausente necesita creer que su madre cambiará. La disociación permite mantener esta esperanza de manera continua, casi como una fantasía.

De niñas, algunas de vosotras creasteis amigos imaginarios, padres diferentes o un príncipe encantador para mitigar el miedo. Fantasear es una manera eficaz de soportar sentimientos intolerables cuando no hay escapatoria. Cuando el peligro es continuo, la disociación se dispara. Los designios misericordiosos de la naturaleza, que impiden que tengas que lidiar con la realidad abrumadora, ocultan datos que podrían ser útiles, como información para identificar a una persona peligrosa ya que cuando la persona peligrosa es tu madre, ¿de qué sirve esa información? Como no podías abandonarla y escapar de ella, tu cerebro limitó la conciencia con un parche emocional. De este modo, la disociación se vuelve un salvavidas.

Cuando estamos indefensos, la disociación amortigua la insoportable realidad, pero también escinde (separa) el yo que va por la vida (asiste a la escuela, aprende a leer, hace amigos, practica deportes) del yo que alberga miedo, vergüenza e ira no expresados. Básicamente, nos dividimos en partes. Tenemos una parte externa que cumple de modo rutinario con lo que tiene que hacer y un yo interno que se oculta. A veces, no sabemos cuál de los dos es el yo real.[27]

El trauma anticipatorio, es decir, ensayar cómo hacer frente a la próxima paliza, la vuelta a casa del colegio o la próxima copa que se sirva mamá, explica por qué el miedo puede llegar a ser paralizante. Sentirse lento, torpe o inmóvil es la forma que tiene el cuerpo de prepararse para una agresión. Además de disociarse o soñar despierto, el cerebro amortigua el miedo y la impotencia paralizándose, preparándose para la muerte.[28] Funcionando juntas, la disociación y la parálisis preparan al cuerpo para el dolor inevitable.

Ceguera a la traición

A pesar de décadas de evidencia de que una madre no puede o no quiere cambiar comportamientos nocivos, las hijas se aferran a la esperanza. Yo llamo a esto «esperanza patológica». La esperanza patológica comienza como una medida de protección: una forma de soportar la adversidad. Pero con el tiempo, la esperanza patológica puede mantener a las mujeres atrapadas en ciclos relacionales dolorosos con los demás.

La mayoría no advierte la naturaleza de la esperanza patológica porque el cerebro se adaptó de muy pequeñas. Durante la mayor parte de sus vidas, las hijas de madres abusivas han estado luchando para que se fijaran en ellas, para que las protegieran, para que las cuidaran y les ofrecieran una disculpa.

La esperanza patológica tiene una capacidad de resistencia asombrosa. La naturaleza duradera de la ilusión podría estar relacionada con un fenómeno psicológico conocido como «ceguera a la traición». La doctora Jennifer Freyd lleva años investigando los complejos procesos biológicos que explican por qué algunos de nosotros quedamos atrapados en relaciones abusivas.

Freyd acuñó el término ceguera a la traición para explicar el modo en que los adultos pueden olvidar ni tampoco reconocer cuándo nos hieren en una relación íntima. Explica que: «como dependemos del abusador, la mejor alternativa para defendernos es bloquear la conciencia de la traición; en otras palabras, nuestra mejor alternativa es una especie de bloqueo mental (ceguera a la traición)». [29]

Freyd nos ayuda a comprender cómo esta adaptación psicológica al peligro se basa en una necesidad extrema de mantener intacta una situación, ya sea «conservar un matrimonio, mantener unida a una familia o conservar la posición social que uno tiene en una comunidad». [30]

Es lógico que la ceguera a la traición ayude a un niño a sobrevivir a una madre aterradora ya que sirve al propósito mayor del apego. Dado que las necesidades del apego humano son más importantes que las necesidades defensivas, los mecanismos biológicos que nos permiten vincularnos con una madre temible se convierten en parte de nuestra personalidad. Así, se forma una personalidad de supervivencia con poca autoconciencia, ya que la ceguera a la traición nos protege de saber que nos hemos convertido en expertos en convivir y amar a una persona peligrosa.

Dado que somos ciegos a nuestra traición no nos damos cuenta de que amar a alguien ahora está mezclado con la compasión o el deber. Sentimos lástima por nuestra madre frágil y abusiva. A veces la consolamos cuando pierde el control, nos pega y se siente culpable, otras veces nos sentimos responsables e intentamos salvarla de una pareja maltratadora o del agente de cobros de deuda que la persigue. Cuando la ceguera de traición nos invade nos convertimos en protectora *de ella* a pesar de todo.

Las hijas que cuidan y protegen a sus madres están llevando a cabo la función de apaciguadoras. Cuando no tenemos adónde recurrir ante el peligro la naturaleza pone en marcha este mecanismo a modo de defensa. Esta es la única manera de poder crear un vínculo con nuestra madre a pesar de tenerle miedo.

184 • CRIADAS SIN AMOR

«Los niños están programados para ser fundamentalmente leales a sus cuidadores, aunque abusen de ellos. El terror aumenta la necesidad de apego, aunque la fuente de consuelo sea también la fuente de terror».[31] De esta manera, la traición queda asociada al amor. No es una experiencia consciente ni tenemos control sobre las adaptaciones tempranas al miedo. Simplemente necesitamos a nuestra madre incluso cuando nos grita, nos jala el cabello o nos dice que estamos gordas. Apaciguar a una madre abusiva sienta las bases para una vida de relaciones confusas, y quizás nos encontremos pasando en el futuro de una relación destructiva a otra.

La biología del apaciguamiento

La teoría polivagal del doctor Stephen Porges, al igual que el trabajo de la doctora Shelly Taylor sobre cuidar y hacerse amigos, explica cómo nuestro sistema nervioso social está construido para crear vínculos con los demás, especialmente durante la adversidad.[32] Se trata de una respuesta humana al miedo ya que necesitamos «hacernos amigos» cuando nos sentimos amenazados por alguien o algo. La tragedia relacionada con haber sufrido este tipo de maltratos es que, realmente, la madre es el problema.

Debido a que incluso si la madre es peligrosa, la hija se vinculará a ella, los comportamientos de sumisión son la manera que encuentra una hija para mantenerse cerca de su madre. La sumisión emerge del terror desesperanzado de saber que no hay otro sitio adónde ir. No es una elección, es biología.

Las respuestas biológicas al peligro están pensadas para las emergencias, no para la supervivencia habitual y, desde luego, no para soportar a una madre aterradora.

La crueldad materna activa el sistema de respuesta de emergencia y transforma rápidamente la estructura cerebral de la hija que se encuentra en desarrollo. Los altos niveles de cortisol, la hormona del estrés, dañan las regiones del cerebro destinadas a la interacción social.

Para quienes estén interesados en el cerebro, es posible que sepan cómo afecta el estrés al lóbulo temporal, en concreto, la amígdala y el hipocampo. El estrés irrita el funcionamiento de la amígdala, donde se desarrolla la empatía. [33] El cortisol envenena el hipocampo, el que interpreta los datos entrantes y el procesamiento de la memoria.

El cerebro es un órgano que se adapta y mantiene los procesos biológicos necesarios, como los latidos del corazón y la respiración, pero filtra los procesos menos críticos, como la memoria y la empatía. Durante un acontecimiento o momento estresante, el cerebro literalmente hace caso omiso a la información secundaria para la supervivencia. Con el tiempo, las neuronas cerebrales y las conexiones sinápticas no utilizadas desaparecen. Los científicos llaman *poda* a este sofisticado proceso neurológico. [34]

¿Imaginas por un momento lo que debe hacer el cerebro para ignorar (y, con el tiempo, podar) los procesos neurológicos que identifican a una madre peligrosa? Debe compartimentar el temor en algún lugar fuera de tu conciencia para que se establezca un vínculo. Con el tiempo, el cerebro debilita las señales de peligro, como una voz estridente o el ceño fruncido de una madre, para que puedas tolerar su proximidad.

La poda altera la percepción y te protege cuando eres pequeño y dependiente, pero con el tiempo, tu capacidad innata para detectar o discernir situaciones de riesgo se termina tergiversando. De este modo, se altera la neurocepción, razón por la cual estar expuesto a una traición temprana te expone a un mayor riesgo de convertirte en víctima en el futuro.

El maltrato materno es una traición devastadora porque no solo te priva del cuidado, la protección y la orientación esenciales, sino también porque tu neurocepción y tus instintos de protección también quedan dañados. Como estás adaptada al peligro, situaciones que atemorizarían a una persona normal no te llaman la atención. Sabes establecer vínculos con otras personas que pueden traicionarte. Incluso tal vez te aburran los que no lo hacen.

Vergüenza tóxica

La vergüenza tóxica que produce el abuso materno nos convence de que somos defectuosos. Este no es el tipo de vergüenza que sientes cuando ofendes a alguien o la vergüenza que te dice que no es buena idea flirtear con la pareja de tu hermana. La vergüenza tóxica te hace cuestionar tu derecho a estar aquí, sumerge tu alma en un pozo de inseguridades.

Mi esperanza es que cuando puedas reconocer que sufriste este tipo de maltratos disminuya el sentimiento de culpa con el que cargas. No eres defectuosa ni estás dañada. La culpa tóxica es un tipo de culpa heredada que no tiene *nada* que ver contigo.

La culpa que se lleva a cuestas se siente pesada y gruesa, como una manta sucia no deseada de la que no puedes deshacerte.

La psicoterapeuta relacional y autora Patricia DeYoung dice que la vergüenza tóxica está «alojada en algún lugar más profundo que las palabras, «una enfermedad del alma», con menos forma incluso que un sentimiento» [35]. Por esta razón es difícil identificar o hablar de la vergüenza tóxica. Con el tiempo, esta vergüenza genera otras formas de autoabuso, como pasar hambre, la adicción, el aislamiento y las autolesiones.

A veces, la culpa tóxica se disfraza de seudoconfianza o de un sentimiento exagerado de superioridad: una forma de encubrir que te sientes terrible. Te sientes patética, pero no quieres que nadie lo sepa, así que te apresuras a juzgar a los demás antes de que te juzguen a ti. Por un momento, esto hace que te sientas mejor, hasta que te atiborras con un paquete de galletas detrás de la puerta del armario o te emborrachas en una fiesta de empresa y te comportas mal. Luego llega el momento en que empieza a sonar la voz que dice, «soy repugnante e inútil y nadie debería volver a hablarme». Y suele sonar como tu madre. Pero recuerda: tu personalidad se desarrolló para sobrevivir a la falta de cuidado de tu madre. No es tu verdadero yo.

Tratamiento especializado

Los cuidados paliativos, tratamientos especializados para problemas graves de salud, se centran en el alivio más que en la curación. Considero que la existencia de este tipo de abusos por parte de las madres es un problema grave de salud, y el paradigma de los cuidados paliativos me orienta para brindar asistencia a las mujeres con traumas severos.

Sigo el trabajo que se está realizando en Reconnect, el centro de tratamiento de la doctora Karol Darsa, que incorpora diversos enfoques para sobrevivientes, donde los adultos reciben atención durante todo el día y entre las sesiones que brindan las hay de arteterapia, *mindfulness*, *brainspotting* o terapia de EMDR.

Toda persona tiene la oportunidad de someterse a una evaluación psiquiátrica, ya que la medicación puede salvarle la vida a una persona que ha sufrido este tipo de maltrato. Los cuidados paliativos funcionan mejor cuando los equipos trabajan juntos, como lo hacen en el programa de la doctora Darsa, y cuando incluyen tratamientos curativos holísticos además de los tradicionales.

Sanar este tipo de abusos requiere el apoyo de profesionales bien formados que conocen el trauma complejo, el apego y la psicoterapia sensoriomotriz. Las doctoras Pat Ogden, Ruth Lanius y Janina Fisher han desarrollado métodos para acceder a la memoria corporal más profunda y sanarla.[36]

Siguientes pasos para las sobrevivientes de abusos severos por parte de sus madres

Sanar este tipo de situaciones requiere un doble proceso. En primer lugar, hay que encontrar palabras para poder expresar el terror que sentiste cuando eras niña. Ahora mismo, esta lectura es parte de este proceso ya que estás aprendiendo un lenguaje para la angustia desorganizada que has soportado durante tanto tiempo. En segundo lugar, si aún no lo has hecho, es hora de dejar de acudir a tu madre, empezar a darle descanso a tu alma agobiada y hacer el luto por lo que se ha perdido.

Para que esto funcione, necesitas que te acompañe alguien que entienda este dolor particular o un clínico profesional formado en el apego sano con experiencia en este tipo de casos. Tu dolor surgió de un trauma relacional, y solo sanará con experiencias relacionales sanas.

A medida que desveles la memoria implícita (lo que puede ocurrir), la historia del cuidado de tu madre te aportará una mayor capacidad para amarte y protegerte en el futuro. Sanar implica integrar recuerdos implícitos y formar una narrativa coherente sobre tu relación con ella.

A medida que tomes conciencia puede que necesites adoptar nuevos comportamientos para protegerte. Para algunas de vosotras «divorciaros» de vuestra madre formará parte del proceso de sanación de esta llaga severa. Podrías empezar con una separación de treinta días, desconectándote de todo contacto telefónico, mensajes de texto, redes sociales… de cualquier lugar en el que ella pueda verte o conectarse contigo.

A medida que practicas nuevos límites, creando seguridad para ti, estás básicamente saliendo de un trance disociativo en el que has estado la mayor parte de tu vida. Salir de la disociación constante significa enfrentarse a emociones sepultadas. Este es un buen momento para recordar tu objetivo: estás construyendo un apego seguro dentro de ti que no pudiste desarrollar en tus años de formación. Estás creando un hogar interno donde te sientas segura y amada.

Durante el proceso de sanación es normal sentirse aterrorizada, enfadada y muy sola. Si a veces te sientes como una mala hija, espero que leyendo este capítulo dejes de tener este tipo de pensamientos y alivies tu carga.

Recuerda que otras personas han recorrido este camino antes que tú, allanándolo para que tengas un sentido de identidad nuevo y fuerte, sin la decepción, la angustia y la traición constantes que provienen de un contacto dañino con tu madre.

A medida que tu cuerpo se sienta a salvo, la reactividad emocional general irá disminuyendo. Te recuperarás más rápido después de una pesadilla o tras discutir con alguien a quien amas, gradualmente dejarás de experimentar la disociación y tu sufrimiento disminuirá.

Con la ayuda de una guía de confianza, desarrollarás resiliencia relacional y la angustia, que ha sido tu compañera constante, se tomará un respiro. En esta nueva situación mental podrás tomar mejores decisiones sobre cómo y cuándo ponerte en contacto con tu madre, y si el contacto es o no oportuno.

Vivir con el trauma provocado por este tipo de comportamiento materno es muy complicado y afrontarlo puede parecer arriesgado y provocar temor. Bloquear el dolor es la respuesta piadosa que tiene el cerebro, es una manera de compartimentar el recuerdo, pero también hace que la vida sea gris y aburrida, y puede que sentir auténtica alegría se convierta en una lucha.

Ahora que eres más consciente del problema puedes sanar de un modo más profundo. A medida que liberas emociones enterradas y experimentas el afecto con otros, por primera vez estarás empezando a recuperar el cuidado maternal que no tuviste.

9

SANAR LA CARENCIA DEL CUIDADO MATERNO

Puede que estés impaciente por leer este capítulo buscando respuestas o una solución a toda tu frustración y ansiedad. Lo comprendo. Quieres que acabe el dolor porque estás cansada de sufrir y quieres que alguien o algo te hagan sentir mejor.

Solo quiero recomendarte que es necesario que vayas a tu ritmo en este proceso de sanación y que puede que necesites realizar pausas o que haya algún que otro retroceso, o que incluso llegues a preguntarte por momentos si acaso has avanzado algo. También es probable que aparezca un sentimiento de traición hacia tu madre al sentir que comienzas a mejorar. Algunas de vosotras tal vez necesitéis esperar hasta que vuestra madre ya no esté viva para acometer este trabajo. Está bien. El lugar y el modo en que decidas proceder dependen de ti. Ahora eres tú quien está al mando.

Es natural que sientas temor al enfrentarte a esta herida y que pedir ayuda pueda resultar particularmente difícil, porque permitir que alguien te ayude te sitúa en un lugar vulnerable ya que por más que te sientas lista para que te guíen, el desequilibrio de poder entre tú y el profesional que te asiste le recuerda a tu inconsciente el temor de que si alguien te conoce en profundidad puede manipularte y controlarte. Por estos motivos, es fundamental encontrar un terapeuta que comprenda, con experiencia, especialista en apego y que pueda acompañar tu proceso de sanación.

A medida que aprendemos más sobre el cerebro, surgen constantemente nuevas herramientas que nos ayudan a modificar áreas afectadas por el trauma y la adversidad. Hay nuevas esperanzas para enmendar un corazón roto. Sanar este tipo de herida significa que tienes una oportunidad de construir ese apego seguro que no tuviste de pequeña. Si bien este proceso avanza más rápido cuando estás rodeada de relaciones sanas, lograr una nueva seguridad interior también puede ser el resultado de tus propios esfuerzos.

Repito que este proceso tiene un ritmo propio y es posible que una canción, un olor particular, un momento en particular durante las vacaciones o un pensamiento hagan que se abra la herida y brote la angustia. Cuando esto suceda pregúntate qué es lo que realmente duele. ¿Es que anhelas afecto? ¿Estás atemorizada? ¿Te sientes perdida?

Como señalamos anteriormente, hay una gama de manifestaciones diferentes que pueden surgir y esto se relaciona con los elementos maternos básicos que no recibiste. Aunque no hay una fórmula mágica para sanar esta herida causada por la falta de amor materno, identificar cómo te sientes puede servir para saber cómo y por dónde empezar.

El tiempo que necesites para sentirte sanada y segura dependerá de cuán severa fue la falta de cuidado, protección u orientación materna. Si no tuviste ninguno de los tres, sanar puede llevar más tiempo.

Además de los ejercicios de sanación que se incluyen al final de la mayoría de los capítulos, este en especial contiene pautas complementarias para ayudarte a ganar seguridad contigo misma y con los demás.

- Identifica las necesidades maternales primarias que te faltaron. ¿Anhelas que alguien en particular te brinde afecto y tiempo de calidad? Esto significa que necesitas más cuidados.

¿Sientes habitualmente ansiedad y temor? Entonces necesitas más protección. ¿Te sientes poco inspirada o perdida? Lo que necesitas es orientación.

- Comprende lo que significa *sufrir esperando una disculpa*. Lo explicaremos mejor en la página 202.
- Comprende lo que significa el dolor invalidado (página 206).
- Descubre los beneficios de contar con una madre celestial (página 212).
- Busca apoyo profesional. Un terapeuta calificado que se especialice en apego puede ayudarte. Si has sufrido abusos severos es fundamental contar con un terapeuta especializado en trauma.

Apego seguro adquirido

Has sido creada para sanar de la enfermedad y las heridas, pero hasta que no identificas el problema tu cerebro no sabe exactamente qué hacer. Ponerle un nombre a lo que te ha sucedido le proporciona a tu cuerpo una brújula para orientar tu sabiduría interior y te aseguro que lo agradecerá.

Una vez has identificado la fuente de tus problemas, se ha eliminado el obstáculo que te impedía lograr el bienestar, de modo que ahora puedes concentrarte en obtener un apego seguro, el que yo llamo «apego seguro adquirido».

Tanto si tu estilo de apego dominante es evitativo o ansioso, como si te encuentras en algún lugar del espectro del apego desorganizado, el apego seguro adquirido puede aliviar la intensidad de tu sufrimiento. Ganar seguridad pasa por desarrollar una conexión con lo más profundo de ti misma, y si estás sanando la falta de amor materno es necesario que te acompañe alguien que esté comprometido con tu bienestar y salud mental.

Ganar seguridad supone encontrar nuevas maneras de cuidarte, desarrollar formas de protección auténticas y crear una historia coherente acerca de tus primeros años. Soy consciente de que puede parecer que esto pertenezca al ámbito médico y sea demasiado complicado, pero lo cierto es que, si bien es posible crear un estilo de apego más sano, desarrollar circuitos neuronales nuevos en tu cerebro requiere un esfuerzo considerable. Es como como cuando empiezas una nueva rutina de ejercicios: los primeros días son los peores, estás cansada y no estás segura de que vaya a funcionar, pero con la práctica te volverás más fuerte, ganarás impulso y adquirirás confianza.

Puede que te sientas angustiada al pensar en el trabajo que tienes por delante. No te preocupes, es algo natural. Emprender el camino para sanar un apego seguro puede resultarte complicado e interferir con tu trabajo, tus estudios o al relacionarte u ocuparte de otras personas.

Es verdad que puede que la sientas como una carga injusta y que tal vez te agote el solo hecho de pensar acerca de ello. Puede que también te sientas confundida porque la falta de elementos maternales está sepultada en lo más profundo bajo una amnesia protectora. Quizá te preguntes: «¿qué me faltó?». Y no puedas encontrar una respuesta dado que los mensajes maternos de la primera infancia se graban antes que el lenguaje o la memoria explícita y son más difíciles de identificar que otros.

Si te pasa esto es un buen momento para buscar ayuda con un terapeuta capacitado en traumas ya que puede ser beneficioso para ayudarte a desentrañar estos tesoros ocultos.

También es cierto que sanar las heridas producidas por la falta de amor materno, sobre todo si no ha sido de gravedad, no siempre requiere de apoyo de un terapeuta, así como ponerse en forma no siempre requiere de un entrenador o de ir al gimnasio. Pero si John Bowlby, el padre de la teoría del apego, estuviera aquí, quizá te alentaría a recurrir a uno de todos modos, porque «el papel del terapeuta es análogo al de una madre que le brinda a su hijo una base segura, a partir de la cual puede explorar el mundo».[1]

¿Por qué funciona la terapia?

Para adquirir un apego seguro es necesario suplir los tres elementos maternales básicos que no tuviste. Para ayudar a tu cerebro a lograrlo, necesitas recomponer tu historia: ¿cómo llegaste hasta aquí?, y para eso es necesario remontarte a tus primeros recuerdos con tu madre. Necesitas revisar cómo era contigo, ¿era afectuosa? ¿Podías confiar en ella cuando tenías miedo? Por otro lado, es necesario recordar cómo la percibías, ¿crees que era feliz?, ¿te resultaba inspiradora?

Recordar tu historia te pone en contacto con las piezas que faltan para que puedas volver a unirlas. Una vez que logras construir un relato que explica tu comportamiento y tus sentimientos aparece la energía para tomar decisiones, consolidar sueños y metas nuevas. De hecho, en el momento que encuentres que un interés ha sido renovado estarás ante una clara señal de que tu estilo de apego está sanando.

La sanación sucede cuando conoces lo que no tuviste para poder empezar a llenar tu espíritu vacío con los ingredientes adecuados. Sencillamente, no podemos cambiar lo que no sabemos. El conocimiento sucede de dos maneras: cognitiva y emocionalmente. Leer y aprender sobre este tema es un proceso cognitivo y se trata del lado izquierdo de tu cerebro en acción. La conciencia cognitiva es el primer paso.

Pero para crear un cambio duradero debes *sentir* la herida, ese horrible vacío producto de un anhelo por ser cuidada, protegida u orientada. Es algo muy difícil de transitar y la mayoría de nosotros no podemos sentir este dolor sin ayuda, ya que tras toda una vida de protegernos a nosotros mismas el cerebro sencillamente no bajará la guardia, salvo que estemos a salvo y respaldadas. Pero tranquila porque tu cerebro está aguardando que encuentres una guía que esté dispuesta a ayudarte a que te encuentres contigo misma.

La herida producida por la falta de amor materno se produce del lado derecho del cerebro. El lenguaje de este hemisferio se expresa

196 • CRIADAS SIN AMOR

entre personas a través del contacto visual, el tono de voz y ritmo de respuesta. A través de las interacciones no verbales con un terapeuta competente y bien capacitado, el lado derecho del cerebro puede ir sanando «la música, no las palabras, que transcurre entre las personas».[2]

Así funciona la psicoterapia y este es uno de los motivos por el cual espero que encuentres una guía comprensiva, pero también porque es la manera en que funciona una relación sana. Si tienes una amiga cercana o una pareja confiable, puedes sanar algunos aspectos de tu apego sin asistencia profesional, porque la herida relacional se encuentra recibiendo cuidado relacional.

Sustituir la privación del cuidado materno

Si no estás acostumbrada a que te cuiden quizá te parezca extraño cuando empieces a cuidarte de maneras saludables. Quizá te sientas inquieta, irritada o molesta y esto es normal.

Aquí tienes una serie de estrategias a las que puedes recurrir para ayudarte a sustituir el elemento materno del cuidado que te faltó:

- Sumérgete en una bañera o tanque de agua salada: el agua es como un abrazo humano.
- Busca terapias corporales que sean sensibles al trauma.
- Practica yoga restaurativo para aflojar las heridas emocionales que tienes adheridas a tu cuerpo.
- Prueba utilizar una «manta con peso terapéutica»* cuando te vayas a dormir o descansas sobre el sofá.
- Escucha algún pódcast sobre atención plena.

---

* N. del T.: La «manta con peso terapéutica» (*therapy weight blanket*) es una manta rellena con bolitas de plástico o algún otro material que las hace pesadas y de esta manera ejercen cierta presión sobre el cuerpo de la persona que las utiliza, lo que proporciona una información sensorial que aumenta la liberación de serotonina en el cerebro, generando una sensación de calma y bienestar.

- Camina por la naturaleza donde puedas encontrar silencio.
- Enciende tu vela perfumada favorita.
- Por la noche, bebe una infusión de hierbas.
- Duerme y descansa. Hazte un ovillo con algo suave, como tu almohada o junto a tu mascota. Dormir está bien, pero si lo utilizas como una manera de evadirte de la realidad, prueba otras formas de cuidarte, tú no dejarías que un niño pequeño se pasara el día durmiendo.

Si tu madre vive quizá sientas la tentación de acudir a ella para que te cuide, pero si no pudo darte afecto o ternura cuando eras pequeña, quizá aún no pueda hacerlo. El deseo de que te cuide es un impulso natural, un intento de sanar la herida, pero, como hemos dicho antes, quizá sea importante que dejes de contactar con tu madre por un tiempo, por lo menos hasta que hayas aprendido a conectar contigo misma de maneras más saludables.

21 días para desintoxicarte y conectar contigo misma

Te animo que durante 21 días te somantas a un proceso de desintoxicación de la exposición regular a tu madre (o a los pensamientos que tengas de ella). Para hacerlo, practica el cuidado sano y evita enviar mensajes de texto, hablar o estar con ella durante ese período de tiempo. Para llevar a cabo esto, te propongo lo siguiente:

- Aliméntate como si fueras una niña pequeña. Evita el azúcar, la cafeína y los alimentos procesados.
- Escribe tus pensamientos y sentimientos. Se trata de una de las tareas más difíciles del proceso, pero es fundamental.
- Haz que dormir sea una prioridad. Puedes utilizar aplicaciones que te ayuden a conciliar el sueño y evitar el insomnio.
- Limita tu exposición a las redes sociales. Consulta tus correos electrónicos solo cuando sea necesario durante la jornada laboral.

- Practica estar sola, sin una pareja romántica, un miembro de la familia o un amigo que te entretenga, reconforte o distraiga. Intenta practicar la soledad de un modo consciente y presente.
- Guarda los dispositivos electrónicos de noche. Si utilizas tu dispositivo para escuchar un pódcast para dormir o meditar, configúralo en modo avión o en «no molestar».

Si todo esto te resulta imposible y no puedes evitar comunicarte con tu madre (a pesar de que vuelves a sentirte lastimada y decepcionada después de hacerlo) considera solicitar la ayuda de un terapeuta profesional. También puede serte de utilidad asistir a un grupo de apoyo si tienes adicciones en este momento. Algunos grupos tienen reuniones por teléfono y reuniones locales.

Sustituir la privación de la protección materna

Si no te protegieron de niña la ansiedad seguramente es algo habitual en ti. Ganar un apego seguro significa hacer que tu vida sea lo más segura posible para restablecer tu punto de partida. Tu cuerpo no tiene ni idea de lo que es relajarse, porque has estado en estado de alerta y preparada para el peligro la mayor parte de tu vida.

Las estrategias anteriores para cuidarte también son útiles para la protección porque transmiten calma. Pero estas son algunas cuestiones más que debes considerar:

- Evita las películas y los programas violentos, en su lugar dedícate a ver aquellas que tengan mensajes positivos y esperanzadores.
- Intenta no mirar las noticias.
- Escucha a tu intuición si alguien o algo te parecen raros.
- Calma tu «amígdala hiperactiva» con técnicas de relajación. (Ve las recomendaciones anteriores para el cuidado y

el ejercicio de la respiración alternada por las fosas nasales en la pág. 140).
- Haz ejercicio ya que activa un sistema nervioso adormecido y disociado.
- Rodéate de personas seguras.
- Escucha pódcasts educativos sobre el apego.

La disociación consciente y saludable calma el miedo y es útil encontrar maneras de desconectar el cerebro temeroso para que tu cuerpo pueda relajarse. Todas estas son estrategias que te ayudarán a controlar la necesidad de contactarte con tu madre, sobre todo si es del tipo enmarañadora, como vimos con el ejemplo de Malabar. En este caso protegerte significa establecer nuevos límites con ella.

Disponer de tu propio espacio, tanto físico y emocional, te permitirá sentir tus propias emociones como nunca lo has hecho antes. Una vez que pueden fluir libremente, tus emociones pueden enseñarte lo que necesitas hacer para sentirte segura cuando estás con tu madre.

Sustituir la privación de la orientación materna

Crecemos absorbiendo las expectativas de nuestros padres de manera que muchos de nosotros creamos, de modo inconsciente, una vida que refleja sus valores en lugar de los nuestros.

Las esperanzas que los padres depositan en sus hijos suelen ser una mezcla de objetivos manifiestos y objetivos encubiertos (los que no expresan en voz alta). Estos mensajes pueden ser contradictorios, por ejemplo, puede que tu madre te haya dicho que fueras lo que quisieras, pero solo alentaba a tus hermanos a seguir estudios superiores. O puede que tu madre se sintiera amenazada por la idea de que pudieras tener éxito y la abandonaras, así que no promovió tus capacidades.

Cuando sientes que hay un muro invisible entre tú y la vida que quieres, una orientación objetiva puede ayudarte. Necesitas una guía que pueda descubrir los contratos ocultos que tienes con tu madre (u otros cuidadores) que te están impidiendo avanzar. Esos contratos ocultos pueden ser lecciones interiorizadas que te susurran, «Sé feliz, pero no más feliz que yo» o «Cásate para que no estar sola» o «Gana mucho dinero para que algún día puedas cuidar de mí...»

Ejercicio de acercamiento

Habitualmente ayudo a las mujeres a encontrar las necesidades maternas que les faltan con un ejercicio sencillo pero eficaz que puedes probar de hacerlo con una buena amiga.

En consulta, lo primero que suelo hacer es un trabajo preparatorio para generar confianza, calidez y trasformar el espacio terapéutico en un ámbito seguro. Luego le pido a mi paciente que imagine que soy su madre y le digo que puede interrumpir la actividad en cualquier momento que necesite. Cuando está lista, me levanto y camino al centro de la habitación y me ubico a una distancia de un metro de ella. Una vez allí comenzamos una interacción. Aquí debajo es dejo un ejemplo:

Terapeuta: Ahora soy tu madre.

Hago una pausa y espero a que se apague el brillo de sus ojos. Entonces, lentamente, doy dos pasos adelante. Observo. Si su cuerpo se relaja o se inclina hacia mí, doy un paso más. Hago una pausa y espero. Cuando se afloja, retrocedo y vuelvo a la primera posición y observo. Si su postura se hunde o su expresión parece triste, sé que no quería que me alejara.

Terapeuta: ¿Quieres que vuelva?
Paciente: Sí.

Así que vuelvo a dar un paso adelante.

Terapeuta: ¿Cómo te sientes si hago esto?
Paciente: Mejor.

Terapeuta: ¿Cómo te sentiste cuando me alejé de ti?
Paciente: Triste... vacía.

Acabamos de enterarnos de que prefiere la cercanía de manera que sé que lo que necesita para sanar su herida es cuidado, cercanía. Pero veamos qué ocurre cuando al acercarme la paciente se estremece o se retrae. En este caso, me detengo y retrocedo dos pasos. Espero y observo su lenguaje corporal. Si sigue incómoda, retrocedo dos pasos más para dejar más espacio entre nosotros, observando su cara, sus ojos y su postura.

Terapeuta: ¿Te sientes mejor?
Paciente: Sí.
Terapeuta: Bien, probemos otra cosa.

En ese momento traigo la silla de mi escritorio y la coloco entre nosotras creando aún más distancia. Observo su expresión. A veces su postura se hunde o parece desorientada.

Terapeuta: ¿Cómo se siente ahora la distancia?
Paciente: Demasiada... No me gusta.
Terapeuta: De acuerdo.

Vuelvo a poner la silla donde estaba y avanzo de nuevo, pero solo dos pasos.

Terapeuta: ¿Mejor?
Paciente: Sí, mejor.

La veo suspirar aliviada. Hemos encontrado el punto óptimo. Ella quiere estar cerca de los demás, pero no demasiado.

A veces, al hacer este ejercicio la paciente se altera tanto que es necesario que salga, literalmente, de la consulta. Cuando una paciente necesita que me vaya en este ejercicio es probable que no se haya sentido segura cerca de su madre, lo que sugiere que faltó la protección temprana.

Cada uno de nosotros tiene un margen de tolerancia para el grado de cercanía con otros. A lo largo de este ejercicio silencioso e intenso, estoy evaluando las preferencias de apego de un paciente.

Comprender la forma particular en que está configurado tu estilo de apego es encontrar tu brújula interior o un mapa que dirige el concepto que tienes de ti misma y de tus sentimientos por los demás. Localizar la brújula interior que dirige tus necesidades de apego explica tus elecciones inconscientes. Es como encontrar una joya perdida, una que habías olvidado que tenías: resulta emocionante y no quieres volver a perderla.

Una vez que con mi paciente hemos podido descubrir y recuperar la joya perdida, comentamos lo que ha ocurrido durante el ejercicio y lo que significa. Esta conversación activa simultáneamente el hemisferio izquierdo del cerebro y refuerza la nueva conciencia del hemisferio derecho. Es un paso hacia la integración de la memoria implícita y la explícita para que tu historia sea más personal y útil para ti.

El sufrimiento que causa una disculpa que no llega

Muchos de nosotros somos expertos en actuar como si no pasara nada cuando alguien nos ofende. Nos tragamos el dolor para evitar el conflicto. Por otra parte, algunos buscamos vengarnos cuando alguien nos hiere: queremos que se sientan tan mal como nosotros.

La mayoría de nosotros aprendemos estas estrategias de muy jóvenes, porque cuando mamá hería nuestros sentimientos no se disculpaba. Nos convertimos en expertos en fingir que estábamos bien cuando no lo estábamos.

La idea de «sufrir por una disculpa que no llega» es algo que inventé para expresar el anhelo de que tu madre advirtiera cuánto daño te hacía y te dijera «lo siento». Es ese deseo de que se mostrara arrepentida.

Ese anhelo encierra la esperanza de que, al escuchar esa disculpa, al momento en que tu madre reconozca lo que hizo mal cese tu dolor, pero muchas madres no son capaces de reconocer sus comportamientos hirientes ni se disculpan por ellos o bien porque no saben cómo hacerlo, o sienten vergüenza, o simplemente son incapaces de empatizar con el otro.

El legado de una madre que no pide disculpas es increíblemente hiriente. Puede que no reconozcas una disculpa sincera de otra persona porque nunca la experimentaste en tus primeros años de vida. Una disculpa es algo más que las palabras *lo siento*, aunque decir estas palabras es una gran manera de empezar. Una verdadera disculpa implica dos cosas: el reconocimiento del dolor causado al otro y un esfuerzo de reparación para enmendar el comportamiento dañino.

Veamos lo que no es una disculpa:

- Una disculpa no es una excusa. Cualquiera que después de las palabras «lo siento» te diga «pero» no se está disculpando contigo. «Siento haberte pegado, pero tienes que dejar de... lloriquear, discutir, poner mala cara, etc.)» o «Siento haberte... (gritado, abandonado, castigado, etc.), pero eres tan difícil».
- Una disculpa no es negar algo. Si alguien intenta convencerte de que algo que te sucedió no es real, eso no es una disculpa sino una forma de evitar sentir remordimiento. Preguntas como «¿Realmente fue tan malo?» o «Es que eres demasiado sensible» restriegan sal en la herida. Este tipo de disculpa te pide que ignores cómo te sientes y añade el sentimiento de vergüenza al sufrimiento. Los intentos de avergonzar a la otra

persona se esconden tras falsas disculpas, como cuando alguien insinúa: «Lamento que te sientas así», como si tus sentimientos hubieran sucedido en el vacío. No solo resulta poco constructiva esta seudodisculpa, sino que, si antes te sentías herida, ahora seguramente te sientas enfadada.

- Una disculpa no puede terminar siendo una manipulación. Si alguien se disculpa asumiendo una actitud lastimosa de sí mismo, es que quiere tu perdón sin ganárselo. Puede sonar: «Lo siento, es que soy un desastre, no puedo evitar… (beber demasiado, mirar a otras mujeres, trabajar hasta tarde, olvidar tu cumpleaños) es que soy así…». Estas no son disculpas.

En el caso específico de una madre manipuladora la disculpa podría sonar de la siguiente manera: «Siento haberte pegado pero me hiciste enfadar muchísimo. Cuando te comportas así, no puedo evitarlo…». También se da el caso de las que empiezan a llorar y dicen. «Lo siento… te quiero; por favor, ven aquí y dame un abrazo». Este tipo de disculpa es tóxica; pone la culpa en la víctima. Cuando una madre te echa la culpa por su comportamiento, está reaccionando desde su propia impotencia resuelta. Distorsiona la verdad de lo que está ocurriendo. Tú no has provocado ni provocas que te haga daño.

Entonces, ¿qué sería una verdadera disculpa? Por ejemplo: «Lo siento, reconozco que te molesta que… (beba demasiado, llegue tarde a recogerte del colegio). Sé que he estado de mal humor y no he sido amable. No es culpa tuya. Siento haberte lastimado, y no lo haré más».

Cuando una madre se da cuenta del impacto que provoca su conducta en sus hijos hará todo lo posible por enmendar su comportamiento. De este modo, repara y genera confianza gracias a su previsibilidad y detiene el ciclo repetitivo que terminará generando una herida en sus hijos.

Cuando una madre se disculpa de una manera sana y adulta, su humildad y madurez emocional modelan cómo es una persona confiable. Una madre confiable es consciente de su poder, reconoce cuando causa daño y lo repara. Sin embargo, sin tratamiento, las madres abusivas no tienen esta capacidad. Si tienes una madre de este tipo es posible que nunca recibas una disculpa sincera de tu madre. Aunque te cueste reconocerlo, es importante que sepas que *puedes sanar* sin que esto suceda. Ciertamente, su disculpa lo haría más fácil, pero no es necesaria para reparar tu corazón roto.

Es poco frecuente renunciar a la esperanza de que una madre se disculpe o cambie si todavía está viva. En lugar de afrontar la realidad, esperas la disculpa porque parece más fácil. Considera esto una amable invitación a intentarlo. Esperar sus disculpas retrasa tu capacidad de hacer el duelo por las pérdidas tempranas, completar las piezas que faltan, y empezar a disfrutar de tu vida. Esperar puede ser el mayor obstáculo para que sanes. El siguiente paso necesario es afrontar el duelo.

Entender el dolor

En mi consulta escucho historias desgarradoras de abandono y dolor. La ridiculización, la desidia y otras formas tóxicas de abuso materno se van acumulando hasta convertirse en una vida de sufrimiento. Si bien cada historia es única, hay una inquietante similitud en cada una de ellas: una especie de espera eterna que mantiene la esperanza de que la madre se comporte como «una madre».

La fantasía de una madre cariñosa se oculta detrás de la búsqueda de algo que llene el vacío sin nombre. La «esperanza patológica» es una de las mejores obras de la naturaleza. Los mecanismos de protección destinados a crear lazos afectivos nos predisponen para la esperanza incluso ante la evidencia de que no habrá cambio. Así que esperamos que suceda el cambio en lugar de sentir lo que es real. Nuestro cerebro nos protege con anteojeras emocionales hasta que estamos preparados y somos capaces de afrontar el legado de la falta de amor materno que hemos estado evitando a través de mantenernos ocupados con una «vida perfecta» o anestesiándonos con excesos. Es mucho más sencillo evitar ese dolor que enfrentarlo. De este modo, el duelo por la falta de amor materno se retrasa hasta que obtenemos el apoyo adecuado.

«La falta de seguridad y protección durante los periodos esenciales del desarrollo, la falta de respuesta a [nuestras] necesidades afectivas y la falta de reconocimiento de [nuestros] estados mentales internos pueden llevar a *estados disociativos futuros, así como al sufrimiento prolongado y complicado*».[3] El duelo complicado (o trastorno por duelo complejo persistente) es exactamente eso: complicado, resistente a cualquier etapa particular de duelo. El duelo complicado que forma parte intrínseca de la textura de esta herida producto de la falta de amor materno es profundamente incomprendida y de difícil acceso. Quizá también sea porque el tema es tabú o porque nuestra propia ceguera la mantiene oculta.

El duelo relacionado con este tipo de heridas necesita un marco que les dé permiso y reconocimiento a las formas complicadas y particulares en que cada uno de nosotros llora la ausencia de cuidado materno. ¿Estás haciendo el duelo por la madre que no tuviste? ¿Estás haciendo el duelo por el impacto que ha tenido esta herida de apego en tu vida? ¿Estás haciendo el duelo por los sueños perdidos? ¿Estás haciendo el duelo por relaciones que se terminaron y por comportamientos destructivos? ¿Estás haciendo el duelo por todo lo anterior?

Dolor invalidado

Cuando un progenitor pierde un hijo, los amigos y el círculo familiar le brindan su ayuda. Cuando una persona resulta herida en un accidente de tránsito o se enfrenta a una enfermedad como un cáncer, el entorno responde con comida, regalos y visitas. El sufrimiento necesita ser aliviado. Estas iniciativas nos ayudan a hacer el duelo. Pero cuando no hay una validación pública, el duelo queda postergado.

El doctor Kenneth Doka acuñó el término «dolor invalidado» para explicar un fenómeno que ocurre cuando sufrimos una pérdida que no se puede reconocer abiertamente, como el dolor que sobreviene tras acabar con una aventura amorosa. Como era un secreto y se supone que no estaba sucediendo, nos quedamos sin la posibilidad de compartirlo y, por tanto, de recibir apoyo. El dolor invalidado no tiene adónde ir.[4] Cuando no tenemos un nombre para lo que nos duele o un lugar donde hablar de ello, el proceso de duelo se detiene.

Cuando leí *A Mother's Reckoning* (Los cálculos de una madre), la autobiografía de Sue Klebold, acerca de la experiencia de ser la madre de uno de los asesinos de Columbine, terminé de entender el concepto de dolor invalidado. Podía sentir su desesperación, su impotencia y conmoción absolutas. ¿Cómo podía llorar la pérdida de su hijo cuando este había hecho daño a tantas personas de una manera tan horrible? ¿A quién podía recurrir para que la entendiera?

En los meses que siguieron a esta tragedia, Sue se sintió como un animal asustado y perdió once kilos. Sufrió ataques de pánico y rechazó la quimioterapia para tratar el cáncer de mama. El aislamiento y el miedo la llevaron a comprender los sentimientos suicidas de su hijo. El dolor estancado le hizo desear la muerte.

Aunque intuyo la naturaleza difícil del dolor, el concepto de la doctora Doka de dolor invalidado me ayuda a entender cognitivamente cómo y por qué esta herida por la falta de amor materno puede ser tan paralizante. No hay un lugar para hablar de ella y hay muy poca conciencia pública del tema. Incluso el cuestionario ACE (Cuestionario para Adultos de Experiencias Adversas en la Infancia), ahora ampliamente respetado, no incluye «tener una madre maltratadora o aterradora» (aunque sí incluye: presenciar el abuso de nuestra madre, mostrando que podemos darles un lugar a las madres como víctimas, pero no como agresoras).

El dolor invalidado es una parte tan íntima de la trama de esta herida que resulta habitual; el estancamiento del dolor es la esencia de este sufrimiento.

En el campo de la psicología, el concepto de dolor «normal» nos dice que el duelo se desarrolla en etapas predecibles que terminan con la resolución.[5] Pero según los expertos en psicología, el dolor «anormal» no se desarrolla en etapas predecibles. Permanece estancado en patrones de duelo. Los patrones de duelo pueden ser los siguientes:

- **Protesta:** Discutir o exigir, y estallidos de furia.
- **Añoranza:** Duelo prolongado, estar atormentado por la pérdida.
- **Desesperación:** Depresión, desesperanza y resignación.
- **Desconexión:** Disociación, duelo estancado. A veces un proceso, comportamiento o sustancia adictivos intervienen, y el proceso de duelo ni siquiera ocurre.

Dado que toda mujer que padece esta herida se encuentra en algún punto del marasmo de dolor «anormal» —atrapada en diversos patrones de protesta, añoranza, desesperación y desconexión—, estos síntomas no me resultan anómalos. De hecho, estos síntomas de dolor específicos son tan comunes que les he dado un nombre. Por ejemplo, el que he comentado anteriormente: «sufrir esperando una disculpa».

El hecho de ponerle nombre a este sufrimiento ayuda a las mujeres a empezar a superar la fantasía de que su madre puede llegar a decir «lo siento». También ayuda a las mujeres a evitar que transfieran el sufrimiento que sienten esperando una disculpa de su cónyuge, un amigo o un hijo adulto.

Date tiempo para compadecerte de ti misma

Vivir con este tipo de heridas es como estar atrapado en una jaula de furia y añoranza. Al igual que Sue Klebold, a veces no puedes comer. A veces comes tanto que te sientes mal. Estos patrones son *normales*. A medida que sanas, las emociones que no te permitían sentir de pequeña irán surgiendo. A veces el dolor se presentará como ansiedad o rabia en lugar de tristeza o desesperación.

Puede que permitirte sentir estas emociones te parezca mal o te desoriente porque estamos programados para evitar el dolor emocional. Además, nuestra cultura espera que nos deshagamos rápidamente de las adversidades emocionales, privándonos de tiempo para sentir dolor.

En el libro de Tina Gilbertson *Constructive Wallowing* (Compadecerte de manera constructiva), la autora comparte una herramienta eficaz que funciona muy bien para sanar esta herida. Nos invita a permanecer en el dolor, a permanecer en la tristeza, la pena y la desesperación.

Me encanta el modo en que Gilbertson reelabora el concepto de permanencia en el dolor, transformando las connotaciones negativas de la pereza o la compasión por uno mismo en un proceso activo y útil. Para Gilbertson, permanecer en el dolor es «permitir» que las emociones tengan un lugar y reciban atención. Aunque algunos podrían considerar que permanecer en el sufrimiento es una actitud indulgente, creo que Gilbertson tiene razón. Permanecer en el dolor es una forma poderosa de atravesar las emociones difíciles. Esconderlas no funciona; solo nos deprimimos. Reprimirlas tampoco funciona; se filtran por otras vías. La negación abandona a la niña que llevamos dentro y que escondió las emociones que su madre no podía tolerar. Eso ya sabemos cómo hacerlo. Es hora de aprender algo nuevo.

Permanecer en el dolor puede resultar atemorizante. Quizá te preguntes si las emociones negativas podrían abrumarte. ¿Y si nunca sales de la cama? Se trata de preocupaciones normales, pero recuerda que evitar los sentimientos negativos es, en realidad, evitarte a ti misma. Sanar ocurre cuando enfrentas tus temores, cuando estás presente con tus partes heridas que tu madre no vio y no podía tolerar. Permite que los sentimientos invalidados invadan tu alma. Enfréntate a las partes de ti que has estado ocultando. Permanece en ese lugar.

Siempre que sea posible, tómate un tiempo fuera del trabajo, la pareja o los hijos y ocúpate de estas emociones. Ya sabes, puedes recurrir a una manta con peso, como hemos visto, o hacerte un ovillo como si te abrazara una madre cariñosa.

Pertenencia

A continuación, quiero que leas cómo describe una mujer su proceso de sanación:

«El primer Día de la Madre que no sufrí la ausencia de mi madre fue tres años después de su muerte. Celebré a mi madre con algunas fotografías en las redes sociales y pasé el día en mi jardín: la madre naturaleza siempre me ha inspirado, y me encanta cuidarla. Tengo primas y suegras que son madres, y que son tesoros para mí, y mi familia me celebró con una maravillosa comida».[6]

Encontrar lugares de pertenencia sana la herida. Sin un sentido de pertenencia, recurrimos a sustitutos adictivos para anestesiar nuestra soledad. Aunque la soledad pueda parecer más segura que arriesgarse a conectar con otros, encontrar un lugar en el que aliviar temporalmente los propios pensamientos es fundamental para sanar esta carencia.

La investigación pionera de Bruce Alexander sobre la adicción demuestra que esta verdad es irrefutable. En su investigación, observó que cuando se colocaba ratas solas en una jaula con una botella de agua normal y otra con agua con cocaína, bebían el agua con cocaína hasta enfermar y morir. Sin embargo, cuando Alexander daba a los pequeños mamíferos algo que hacer (juguetes, ruedas) y algunos compañeros (otras ratas), los animales bebían el agua normal y evitaban el agua con cocaína.[7] Como las ratas tienen cerebros similares al nuestro, el estudio de Alexander pone de relieve y normaliza la necesidad que tiene el ser humano de pertenencia. Encontrar un lugar al que pertenecer parece mucho más fácil de lo que es. Probablemente lo hayas intentado. Los grupos de mujeres pueden ser lugares atemorizantes. Quizá hayas experimentado que las iglesias tampoco son lugares seguros. Por este motivo, me encantan los programas de doce pasos (programas para tratar cualquier tipo de dependencia). Son lugares libres a los que puedes pertenecer y donde nadie te juzga. Si la idea te aterra, intenta con una cita telefónica para buscar apoyo.

Divorciarse de mamá

A veces, el comportamiento de una madre y su falta de remordimiento son tan dolorosos que requieren que te separes de ella. «Divorciarse» de mamá es un último recurso, aunque no soluciona el problema. Se trata, más bien, de una estrategia de supervivencia. Sencillamente, no puedes permitir seguir estando expuesta a ella.

Cuando te enfrentes a esta decisión, asegúrate de tomarla habiendo consultado a un profesional que conoce tu sufrimiento, y que te cuida. La decisión de divorciarte de tu madre jamás debería tomarse enfadada o como un intento de «ganar» y finalmente sentirte poderosa. Al contrario, como cualquier otro límite saludable, una decisión de esta magnitud debe tomarse tras ser considerada con detenimiento y desde un lugar de paz.

Por supuesto, a pesar de que sea una decisión meditada, eso no quiere decir que no te sientas triste. El dolor forma parte de cualquier proceso de divorcio y divorciarse de una madre puede ser el divorcio más doloroso de todos.

Una madre celestial

Cuando estás sanando de una ruptura traumática o de una lesión, necesitas a alguien que esté a tu lado, en quien puedas recurrir a las tres de la mañana cuando te sientes desalentada, o a primera hora de la mañana cuando el mundo te resulta agobiante. En esos momentos, tu corazón busca una figura maternal que te conozca y te ame, que no se sienta incordiada por tus temores. En esos momentos, a algunas de mis pacientes les resulta útil dejarse abrazar por una madre celestial.

Históricamente, los seres humanos han venerado y adorado tanto a deidades femeninas como masculinas. De hecho, muchos reconocen al dios judeocristiano de la Biblia como masculino y femenino a la vez. Sin embargo, las fuerzas patriarcales han intentado suprimir el lado femenino de Dios de la psique colectiva. Por este motivo, puede que necesites ayuda para crear una madre celestial. Tu ingenio entrará en juego para lograrlo. Deja que tu imaginación eche a volar. Si no te sientes especialmente imaginativa, piensa en que si pudiste crear una madre de fantasía cuando eras una niña ahora también puedes hacerlo.

Permítete soñar. ¿Cómo sería tu madre ideal? (Si tu madre aún está viva, es posible que te aferres a la esperanza de que cambie, en lugar de hacer el esfuerzo de imaginación que se requiere. Pero a estas alturas ya sabes que se trata de una táctica dilatoria, una forma de evitar el dolor).

Si no tienes ni idea de cómo crear una madre ideal, puedes explorar las figuras de diosas que hemos venerado históricamente. Para una madre que prodiga cuidados piensa en la diosa griega Gaia: alma materna de la tierra, proporciona vida y alimento. A veces conocida como Madre Tierra, Gaia tiene un nombre en cada cultura.

Si lo que necesitas es una madre protectora, Kali es una diosa poderosa a la que puedes recurrir. Es la diosa hindú que destruye las fuerzas del mal y preserva la libertad. Muy venerada en la India, Kali es la protectora divina. Imagina lo que podría hacer para ayudarte. ¿Contra quién lucharía? ¿Adónde te llevaría para ponerte a salvo?

Si lo que buscas es orientación, puedes recurrir a las diosas que equilibran la impetuosidad con la sabiduría, como Atenea y Perséfone. ¿Cómo toman las decisiones difíciles?

También hay otros lugares donde buscar inspiración. ¿Hay mujeres en tu vida que te resulten interesantes? Si es así, ¿qué te atrae de ellas?, ¿su calidez, su fuerza, su seguridad o su belleza? Si no puedes pensar en nadie personalmente, ¿por qué no recurres a algún personaje de un libro o una película que te inspire? Tal vez sea la Mujer Maravilla, con sus poderes sobrehumanos, brazaletes que detienen balas y un lazo mágico que hace que la gente diga la verdad.

El creador de la Mujer Maravilla fue William Marston quien se inspiró en su amante, Olive, para crear a esta heroína, quien resultó ser la hija de Ethel Byrne, quien junto con su hermana Margaret Sanger desarrolló lo que hoy son los centros de planificación familiar (organizaciones sin ánimo de lucro que ofrecen servicios de salud reproductiva, tales como educación sexual, planificación sexual y de aborto). Estos centros proporcionaron una de las primeras formas de acceder a los métodos anticonceptivos.[8] Si necesitas inspiración, esta historia tiene una gran riqueza.

Lo importante es que te des permiso para volverte hacia ti misma con un propósito deliberado: encontrar una madre celestial que pueda ofrecerte bondad y amor. Luego apóyate en ese amor. A medida que lo hagas, el amor se abrirá paso en tu ser, y con el tiempo, puede que te conviertas en tu propia madre interior, llena de un manantial de ternura y protección.

DRMO

Para aquellas de vosotras que ya estéis trabajando con un terapeuta, quizá conozcáis la terapia DRMO* (Desensibilización y

---

* EMDR en inglés (*Eye Movement Desensitization and Reprocessing*)

214 • CRIADAS SIN AMOR

Reprocesamiento por Movimientos Oculares). Quizá la hayáis probado. Si es así, espero que os haya resultado útil, pero si no lo fue, quizá sea porque no pudisteis encontrar un «lugar seguro».

El «lugar seguro» es parte del protocolo original creado por Francine Shapiro (creadora de este método). Si bien el «lugar seguro» es una estrategia probada para empezar la terapia DRMO, puede ser un obstáculo para aquellas de vosotras que no tenéis la experiencia de lo que es un lugar seguro.

Hace unos años, utilizando la terapia de DRMO para ayudar a una paciente a imaginar a su madre celestial, descubrí que el «lugar seguro» del protocolo estándar de DRMO bloqueaba el proceso. De hecho, esto sucedía una y otra vez. Muchas de mis pacientes simplemente no encontraban un «lugar seguro». Las mujeres que no han sido protegidas por su madre suelen desconocer la sensación de seguridad. Pedirles que encontraran un «lugar seguro» parecía causar frustración o vergüenza innecesarias. Las pacientes evitativas se enfadaban y decidían saltarse la terapia directamente. Las pacientes más ansiosas intentaban continuar para complacerme, pero el protocolo era anticuado y frío. Tras unos cuantos fracasos, yo también me sentí frustrada. Decidí probar si la terapia de DRMO podía funcionar sin un «lugar seguro». Funcionó. Y los beneficios eran demasiado buenos para que los ignorara. Poco a poco, estaba obteniendo grandes resultados.

Cuando asistí a la conferencia de la Asociación Internacional de DRMO en 2017, llamó mi atención el trabajo de los doctores Marshall Wilensky y Katie O'Shea. Su documento de trabajo, titulado «Cuando un lugar seguro no funciona» hizo que me quedara pasmada.

Leer su trabajo de investigación validó mi experiencia con el «lugar seguro» y también me enseñó acerca de ese breve intervalo de tiempo que transcurre dentro del útero, antes de que el feto se conecte con su madre biológica. Durante las primeras cinco o seis semanas después de la concepción, el sistema nervioso primitivo ya está en marcha (tenemos un cerebro al cabo de cuatro semanas), y hay alrededor de cien mil neuronas que descargan impulsos. Por ello, es posible que parte de la experiencia anterior al momento en que establecemos el apego con nuestra madre biológica esté almacenada dentro de nuestro cuerpo y nuestra mente. Sugieren que quizá en esa pequeña ventana, antes de establecer el apego con una madre ansiosa, ambivalente o desdichada, pueda haber una memoria corporal de seguridad.

Habiendo superado mi desazón inicial, modifiqué sin reparos la terapia de DRMO con mis pacientes, con una confianza renovada en que era posible que la sensación interna de seguridad existiera. Un año más tarde, conocí a la doctora Laurel Parnell, creadora del tratamiento de DRMO centrado en el apego. Reconoció las razones por las que el protocolo de recuento, que también forma parte de la terapia de DRMO tradicional, no funcionaba tan bien para mí ni para mis pacientes. Es tan útil este tipo de orientación. Con suerte, si abandonaste la terapia de DRMO anteriormente, podrías considerar intentarla de nuevo con un terapeuta, y aún sería mejor si ese terapeuta estuviera formado con los conceptos de la doctora Laurel Parnell, aunque dependiendo de dónde estés leyendo este libro puede que haya un referente distinto.

Trauma relacional a largo plazo

Cuando el cuerpo ha sido un campo de batalla, los patrones de apego desorganizados son perdurables, y ganar seguridad requiere más esfuerzo que en otro tipo de situaciones.

Si eres víctima de una falta de amor materno severa, en primer lugar y lo más importante, es que encuentres una relación segura con alguien que esté involucrado en tu bienestar. Patricia DeYoung escribe que «el trauma relacional a largo plazo deja nuestra psique indeleblemente marcada».[9] La falta de amor materno severa es un trauma relacional a largo plazo. La marca «indeleble» es una costra en tu corazón, y es por eso por lo que necesitas un guía competente que te ayude ya que sin una relación segura no podrás sanar esta herida. La ausencia de este tipo de relación explica por qué las mujeres no mejoran en los hospitales residenciales con servicio de internación.

Fundamentalmente, el tratamiento de esta indecible herida debe centrarse, primero, en el apego desorganizado más que en el trauma, porque la relación materna quebrada *es*, justamente, el trauma. Una relación segura con un adulto confiable *es* la cura. Una vez que se establece una relación segura, el trabajo con el trauma puede que ni siquiera sea necesario, porque sanar el apego *es* sanar el trauma.

Como ya he repetido varias veces durante el libro, es muy importante que este sofisticado proceso de sanación del apego requiera de un terapeuta especializado en trauma, que pueda perderse contigo de manera segura en la desorientación y la desorganización que sientes en tu mente y en tu cuerpo; que pueda tolerar el profundo dolor que estás experimentando. Solo cuando sientas que te *sienten*, cuando tu cuerpo sepa que alguien está viviendo profundamente esta locura contigo, podrás volver a casa, de regreso a ti misma.

Cierre

Dentro de cada mujer que busca ayuda para curar esta herida hay una niña con un lenguaje concreto que terminó entendiendo a lo largo de las sesiones. A mis pacientes no les importa qué coche conduzco, dónde vivo o si como o no como gluten (bueno, al principio, a algunas sí). A medida que iniciamos el tratamiento, lo que más necesitan es que esté totalmente presente, para notar cada pequeño movimiento de su cara y responder en consecuencia. No siempre acierto. Pero cuando me pierdo una señal y hay una desconexión momentánea, surge una oportunidad para reparar el descuido, una oportunidad para modelar la conducta de una mujer amorosa que se hace responsable del bienestar de la relación.

Esto es una buena terapia en acción. Y esto es lo que ofrece un terapeuta especializado en trauma.

Sanar este tipo de herida producida por la falta de amor materno es un proceso no lineal y fluido. No hay una línea de tiempo que revele el esfuerzo que se necesita ni un cronograma que produzca los mejores resultados. Sin embargo, lo que me ha resultado muy útil es dejar de lado la idea de una línea de meta. No necesitas esta presión. Como cuando sufres esperando una disculpa, buscar un cierre es anhelar una fantasía. Incluso cuando utilices todas las herramientas y tu vida parezca estar mejor, habrá días en los que el dolor regresa, como el Día de la Madre. El Día de la Madre es un día especialmente terrible para muchas hijas adultas. A continuación, reproduzco un correo electrónico que capta los sentimientos que muchas mujeres experimentan:

Hola Kelly,

Gracias por la invitación a escribirte. Odio el Día de la Madre. Mi propia madre era insaciable en cuanto a tarjetas, regalos y llamadas telefónicas, y nada era lo bastante bueno para ella. Todos los años, ese día estaba destinado al fracaso, y yo le tenía pavor. Me convertí en madrastra a los treinta años, y desde entonces ese día se convirtió en algo doblemente horrible: los niños se iban con su padre a comprar regalos y tarjetas para su madre. Me sentía como una impostora y una falsa intentando participar mientras pensaba: «Esto no es lo que me corresponde hacer a mí».

No tengo hijos propios y cada año tengo que prepararme tanto para que mis hijastros me llamen o me envíen mensajes de texto, como para que no lo hagan. Es un día solitario. Si salgo alguien que me conoce, como algunos dependientes del supermercado o de la tienda a la que voy habitualmente, o un camarero del restaurante que frecuentamos, me desean un feliz Día de la Madre, sonrío respetuosamente, pero por dentro me siento como una impostora. Mi propia madre dijo una vez: «Tener hijastros no es ser madre, ¿verdad?».

Cuando el dolor vuelve a aparecer, puede que sea desalentador. Tal vez creas que es una señal de que no te estás sanando. Pero no es cierto. El dolor continuo que forma parte de esta herida se relaciona con lo que se conoce como *pérdida ambigua*. Es difícil afrontar un problema sin la promesa de una solución rápida y sin dolor, pero la ausencia de un cierre definitivo es lo que caracteriza el dolor invalidado y la pérdida ambigua; no es un indicio de una patología.

En lugar de esperar que tu corazón se libere de este sufrimiento, fíjate en los momentos en que ya no te escondes bajo un manto de vergüenza. Aunque nunca parezca que esta herida está completamente sanada, recuperarás la calma interior a medida que sustituyas el cuidado materno que te faltó y transformes el dolor en propósito. De este modo, podrás tolerar mejor los días más sombríos, que son inevitables.

El trabajo que hace Patricia DeYoung relacionando la vergüenza tóxica con la sanación me resulta muy interesante. Dice que podemos volvernos resilientes a la vergüenza. «La vergüenza puede transformarse, esto sucede cuando uno se conecta con alguien cercano, que regula nuestro sistema nervioso».[10]

Lo mismo sucede con la herida que sufres, a medida que consigas sustituir el cuidado, la protección y la orientación que no tuviste, recuerda que se trata de un proceso continuo, de que estás desarrollando un cerebro nuevo, y como cualquier rutina nueva, lleva tiempo antes de que veas los resultados.

Pero por favor, no hagas todo esto sola. Ya has estado sola demasiado tiempo. Tu cuerpo está diseñado para el bienestar, pero somos criaturas relacionales y necesitamos conectarnos con otros. Sanar esta herida te trae de regreso a casa —a casa contigo misma—, pero tener una aldea alrededor de tu hogar resulta muy útil.

RECUPERAR LOS SUEÑOS Y OBJETIVOS DAÑADOS

Esta es una manera divertida y productiva de identificar tus deseos y sueños. Para empezar, preparemos tu cerebro.

1. Piensa en cuatro logros que hayas conseguido y que te resulten los más significativos hasta el momento. ¿De cuáles te sientes más orgullosa? (Por ejemplo, no beber alcohol, completar un programa académico o trasladarte a una ciudad nueva porque has conseguido un mejor trabajo, son todos logros significativos.)

- _____
- _____
- _____
- _____

2. ¿De qué cuatro maneras puedes expresar tu creatividad? (Planificar comidas, divertir a amigos y familiares o crear música y arte son solo algunas ideas.)

- _____
- _____
- _____
- _____

3. ¿Qué le da sentido a tu vida? Enumera cuatro motivos que te hacen levantarte por la mañana. (Intenta pensar en motivos que te hagan sonreír, como tu mascota, una clase de yoga o una taza de café.)

- _____

- _____

- _____

- _____

Ahora tu cerebro está preparado para la siguiente parte.

4. Piensa en siete palabras para describirte. Puede ser «graciosa, guapa, resiliente, creativa». (Se trata del «yo» más parecido a ti, no el «yo» que se preocupa por lo que piensen los demás.)

- _____

- _____

- _____

- _____

- _____

SANAR LA CARENCIA DEL CUIDADO MATERNO • 221

- _____

- _____

5. Piensa siete cosas que te gustaría hacer y que le dan un sentido y un propósito a tu vida. (Vuelve a las primeras tres listas si necesitas ideas.)

- _____

- _____

- _____

- _____

- _____

- _____

- _____

Cuando las hayas completado, elige las tres más representativas. (Por ejemplo, algunas palabras que te describen podrían ser «fuerte, guapa, perseverante, graciosa, tranquila e inteligente». Pero ahora elige las tres que más te gusten, tales como *graciosa, perseverante* o *guapa*.)

-

-

-

Ahora elige tus tres actividades favoritas. (Por ejemplo: *leer, cocinar* o *tejer*.)

-

-

-

Ahora es el momento del broche final: pongamos en práctica lo que pensaste. Elige las tres palabras principales de cada categoría para formar una oración. (Por ejemplo, *soy graciosa, perseverante y linda así que puedo leer, cocinar y tejer*.)

_____

_____

_____

Cuando tengas tu oración lista, considérala como tu brújula interna que guiará tu vida. Puede orientarte para tus elecciones y decisiones.

Ahora quiero que reflexiones sobre qué porcentaje de tus actividades cotidianas reflejan esta afirmación. ¿Un diez por ciento? ¿Treinta por ciento? ¿Sesenta por ciento? Y, ¿qué puedes hacer para aumentar ese porcentaje?

Cuanto más refleje tu vida quién eres realmente, menos tendrás que llenar el vacío con comportamientos o personas dañinas.

10

SER MADRE CON ESTA HERIDA A CUESTAS

Me encanta trabajar con madres en todas las etapas de la vida, porque juntas le ponemos fin a la transmisión generacional de esta herida. Si estás leyendo esto y te lamentas porque tus hijos ya son mayores, consuélate sabiendo que sanar tiene un efecto positivo a cualquier edad, y no porque les cuentes a tus hijos adultos lo que estás haciendo; de hecho, lo más probable es que no quieran ni necesiten saberlo, sino porque, a medida que tú vas sanando, tu forma de hablar, tus expresiones faciales, incluso la forma en que tu cuerpo se mueve: todo esto cambia.

De esta manera, tu cuerpo comenzará a enviar mensajes de seguridad y bienestar a todos los que te rodean y suplir los elementos perdidos del amor materno mejora tu forma de quererte a ti misma y a los demás.

He descubierto que las mujeres que sanan el dolor que provoca esta herida se convierten en madres muy atentas y cariñosas. Una y otra vez, he sido testigo de la transformación de los lazos fracturados entre hijas adultas y sus madres. Como señalé anteriormente, dado que nunca terminamos de superar el deseo de tener una madre, las hijas siempre aprecian los esfuerzos reparadores de sus madres. Para aquellas de vosotras que ya tenéis hijos, animaos; a medida que sanéis vosotras, vuestros esfuerzos se transferirán a vuestros hijos.

Empezar con los bebés

Si estás pensando en tener un hijo, esta nota es para ti. En realidad, una exploración profunda del ejercicio de la maternidad con una herida de este tipo a cuestas merece un libro aparte. Pero por ahora, esta breve sección puede serte útil.

Me gustaría hacer hincapié en que cada elemento que necesita tu pequeño —cuidado, protección y orientación— también lo necesitas tú. Para cuidar bien de otros, necesitas recibir el cuidado de tus amigos y tu familia. Para proteger a tu bebé, debes estar segura. Puesto que es posible que desees cosas diferentes para tu bebé de las que te dio tu madre, necesitas que otras madres te orienten: mujeres que apoyen tu deseo de desarrollar el apego con tu bebé; madres que aplaudan tu deseo de ser dulce y receptiva; madres que hayan recorrido ellas mismas este camino.

Puedes estar segura de que, incluso sufriendo esta herida puedes cuidar bien a tu bebé si dejas que la madre naturaleza sea tu guía. Compartiré algunas ideas útiles para contrarrestar la información culturalmente dominante pero errónea sobre el cuidado de los bebés, de modo que cuentes con más opciones para tomar decisiones importantes.

Puede resultar sanador, incluso liberador, descubrir una orientación que no sea tóxica ni tenga intenciones ocultas. Recientemente, una clienta compartió conmigo un recurso fascinante, que yo desconocía, para las mujeres que tienen sentimientos ambivalentes sobre tener hijos. Se llama «coaching para ganar claridad en la maternidad». Este tipo de asesoramiento ayuda a las mujeres a sortear las presiones culturales y las expectativas generacionales para reconocer su propia verdad acerca de si la maternidad es o no la mejor opción para ellas.

Tener hijos es un acontecimiento que le cambia la vida a cualquiera y, desde luego, no es para todo el mundo. Contar con apoyo para esta gran decisión es vital, ya que la presión viene de muchas direcciones, lo que lo hace aún más difícil.

La herida producida por la falta de amor materno suele alterar el sistema de orientación físico que tenemos para criar a un bebé. Especialmente para las que habéis sufrido de abusos más severos, como hemos visto en el capítulo 8.

El sentimiento de amor puro por vuestro bebé o hijo puede ser tan extraño como para provocar ansiedad y estados disociativos, junto con el deseo imperioso de cuidar y proteger. Estas emociones divergentes pueden ser terriblemente confusas y desbordar el proceso de vinculación y apego. Es útil anticiparse y saber que es normal.

La doctora y psicoterapeuta Susan Forward dice: «No hay un interruptor mágico que active el instinto maternal y garantice que una mujer, sobre todo si está confundida y dañada, se vinculará repentinamente con su bebé».[1] Aunque hay algo de verdad en ello, *tienes* un interruptor mágico del cual ya hemos hablado ampliamente: la oxitocina.

Como hemos dicho, la naturaleza te da lo que necesitas para establecer un vínculo con tu bebé. Desafortunadamente, nuestra cultura no apoya a la naturaleza en este poderoso proceso de apego. Las exigencias del mundo exterior ejercen una presión increíble sobre las mujeres y los problemas se agravan con la intervención de expertos desinformados que desvían la forma en que la naturaleza nos ayuda a ser madres.

Ya hemos visto que tienes que tener especial cuidado con algunas matronas o especialistas en sueño infantil que dicen que tu bebé puede tranquilizarse por sí mismo o que tu hijo pequeño necesita estar en un lugar solo durante un tiempo para aprender a ser independiente; a esta gente no le preocupa el apego. Sus malos consejos pueden impedir que recurras al interruptor mágico de la naturaleza y que desarrolles el comportamiento afectuoso que tú y tu bebé necesitan.

Oxitocina: el interruptor mágico de la naturaleza

Como cualquier otro mamífero, estamos biológicamente programados para establecer un vínculo con nuestros bebés. La biología nos proporciona neuroquímicos poderosos para ayudarnos a ser madres. Recuerda la última vez que te sentiste profundamente unida a alguien. ¿Sentiste calidez? ¿Esperanza?

Vincularse afectivamente con alguien es agradable porque actúa la oxitocina, y crea una experiencia positiva que querrás repetir una y otra vez, no porque tengas un problema, sino porque eres humana.

La oxitocina, a veces llamada la «hormona del amor», es un poderoso neurotransmisor que circula por tu cuerpo cuando abrazas a alguien que amas, experimentas un orgasmo, das a luz o produces leche materna. Tanto hombres como mujeres tienen receptores de oxitocina que facilitan la creación de lazos afectivos. Las mujeres tenemos más oportunidades de experimentar la oxitocina si damos a luz o amamantamos, pero incluso si no se tiene ninguna de estas experiencias, estar cerca de un niño, abrazarlo y cuidarlo desencadenan la producción de oxitocina.

La oxitocina transforma a un adulto en progenitor, y es la responsable de que te conviertas en madre. Hacerte responsable del bienestar de un pequeño ser humano vulnerable y completamente dependiente es una tarea increíble, y esto traerá cambios, y los cambios duelen. Aunque lo queramos, quizá nos resistamos a ellos. Resistirse a esta oportunidad particular de cambio solo hace que la maternidad se vuelva más difícil. Aprovecha la oportunidad para hacer una pausa, ir más despacio, ser curiosa y sintonizar con los cambios que ocurren dentro de ti y con las necesidades de tu hijo.

Si de niña te amamantaron y abrazaron mucho, adaptarte a este nuevo capítulo te resultará más fácil que si no te cuidaron bien. Sin la sensación interior de lo que es ser cuidado de un modo sensible, con alguien que sintonizó contigo, cuidar a un bebé o un niño pequeño puede parecer poco natural y aterrador. En este caso, saber que la biología está de tu lado ayuda. Permite que la madre naturaleza te oriente escuchando las señales de tu bebé cuando pide consuelo, alimento y cercanía.

Permanece cerca de tu bebé todo lo que puedas para activar el interruptor maternal mágico. La circulación de oxitocina depende de ello. No tienes que preocuparte porque se vuelva un bebé excesivamente dependiente. Los bebés no pueden malcriarse. Un bebé que recibe caricias constantes desarrolla un cerebro mejor y más grande. Una madre que permanece cerca de su bebé desarrolla un corazón maternal. El propósito de la oxitocina y la prolactina (la hormona que produce leche) es que reduzcas el ritmo acelerado de tu vida para que puedas vincularte con tu bebé. La confusión del cerebro o «amnesia de la madre» de la que has escuchado hablar o que puedes estar sintiendo en este momento es un letargo deliberado; es la invitación de la naturaleza para relajarte y estar con tu recién nacido. En el capítulo 3 (Cuidado) encontrarás más información sobre estas hormonas poderosas.

Herencia epigenética

El estrés tóxico, la cosificación sexual, la falta de apoyo y la herida por la falta de amor materno no resuelta dejan a muchas madres sin la sabiduría epigenética que resulta necesaria para guiar su paso al convertirse en madres.

Como la mayor parte de la transmisión epigenética pasa por la línea matrilineal, la historia de tu madre influye en la tuya. Ella solo pudo dar lo que recibió. Sabemos por la ciencia epigenética que heredamos la resiliencia y los traumas de nuestros antepasados.

Las madres primerizas necesitan los mismos cuidados que un bebé: cariño, protección y orientación. En cierto modo, las mujeres que acarrean esta herida son tan vulnerables como el bebé que acaban de traer al mundo, porque no cuentan con el apoyo maternal que necesitan durante esta intensa transición.

Para evitar que se repita esta herida, rodéate de un equipo que te alimente y proteja mientras te tomas el tiempo necesario para establecer un vínculo con tu recién nacido. El cuidado y la seguridad tempranos durante los tres primeros años es el mejor seguro contra la adversidad y el estrés. (Contratar a una *doula* durante la etapa de postparto es un buen comienzo para ti y tu recién nacido).

Parto y estrés

Muchas mujeres nunca han presenciado un parto antes de enfrentarse a él, por lo que el proceso natural del nacimiento del bebé puede resultar extraño y aterrador. Si te estás preparando para el parto, conocer el asombroso cuerpo de mujer que tienes te ayudará a desarrollar la confianza en ti misma incluso antes de la llegada del bebé. El conocimiento es poder.

El primer esfuerzo de la naturaleza para ayudarte a ser madre comienza cuando la oxitocina irrumpe para amortiguar el dolor del parto. Durante el parto, a medida que aumentan las contracciones, también lo hace la oxitocina. A su vez, la oxitocina disminuye tu pudor y te ayuda a acomodarte al ritmo del parto.

Por desgracia, la biología no ha desarrollado una fórmula de oxitocina lo suficientemente fuerte como para combatir los sonidos aterradores, los olores nocivos y las luces molestas de los hospitales. El miedo complica el parto, provocando una cascada neuronal de adrenalina y cortisol que es muy poco útil. Estas hormonas son necesarias para luchar o huir, pero resultan contraproducentes en ese momento.

Las mujeres no están destinadas a dar a luz en estas condiciones estériles y caóticas. Los estudios demuestran que nos va mejor si damos a luz en un entorno familiar, con luces tenues y sonidos suaves. También necesitamos la presencia de otras mujeres, que estén tranquilas y que sean seguras de sí mismas y cariñosas. Por este motivo, espero que consideres otras opciones, además del hospital, como pueden ser un centro de partos, una comadrona o una *doula*. La creciente popularidad de las *doulas* es una tendencia alentadora: son compañeras que te consuelan, alientan y ayudan durante y después del parto. Las *doulas* trabajan junto con el personal médico y las comadronas, pero su único propósito es apoyar a la madre. Los estudios revelan que la presencia de una *doula* aumenta la liberación de oxitocina.[2] Con una a tu lado, el parto es menos aterrador y tienes más posibilidades de crear un vínculo afectivo temprano con tu bebé.

Dar la leche al bebé

La leche materna está diseñada específicamente para un ser humano recién nacido. Tu leche protege a tu bebé de enfermedades mientras su sistema inmunitario es inmaduro. La leche materna regula el metabolismo y favorece el rápido crecimiento del cerebro del recién nacido. Amamantar con frecuencia calma a tu bebé y te relaja a ti. La leche materna es la fórmula perfecta (no es un juego de palabras) para vincularse y establecer el apego. Si vas a adoptar un bebé, quizá quieras explorar las formas de estimular la lactancia o considerar la posibilidad de comprar leche humana en un banco de leche materna.

Como he dicho anteriormente, me gusta el término *amamantar*. A un bebé se le puede alimentar con un biberón o con el pecho. Pero amamantarlo significa también sostenerlo, abrazarlo, cantarle, limpiarlo y cuidarlo. Significa nutrirlo en un sentido amplio.

Aunque las ventajas de la leche materna son bien conocidas, la mayoría de los médicos no tienen la formación adecuada para ayudarte con este increíble proceso. Por eso, si deseas amamantar a tu bebé, a continuación, hay una lista útil de lo que es bueno que sepas:

- La mayoría de los bebés no tienen mucha hambre durante las primeras 48 a 72 horas, por lo que es posible que su reflejo de succión no sea lo suficientemente fuerte como para prenderse correctamente.
- Es normal que tengas los conductos lácteos obstruidos y sientas irritación cuando sube la leche. Cuando sucede esto, duele. Ten un plan provisto por una comadrona, una *doula*, una consultora de lactancia certificada o una voluntaria de La Liga de la Leche (organización internacional que ofrece ayuda con la lactancia materna).
- La prolactina, la hormona que estimula a tu cuerpo a producir leche, depende de la oferta y la demanda. El contacto con la piel y la succión frecuente estimula la prolactina. A mayor estímulo del pezón y la piel, mayor será la producción de leche.
- Amamantar con frecuencia y durante largos periodos de tiempo te relaja más y da a tu bebé la mejor oportunidad de alcanzar la leche final, es decir, la parte cremosa y rica de la leche materna que llega al final de una toma y estimula el crecimiento del cerebro infantil.
- Siglos de codificación genética programan al bebé para estar cerca de tu cuerpo. Al nacer, el pequeño ya puede oler tu leche y conoce tu olor. Estar cerca de tu bebé es lo que más favorece tu producción de leche y la creación de un apego seguro.

La vulnerabilidad de un cuerpo dolorido por el nacimiento y la súbita producción de leche pueden ser abrumadores. Se necesita tiempo para aprender a dar el pecho. El hecho de que sea biológico no significa que sea totalmente intuitivo. Estás empezando una nueva relación, y como toda nueva relación, es increíble, incómoda, estimulante, confusa y, a veces, dolorosa. Si te resulta demasiado estresante amamantar a tu bebé con el pecho, asegúrate de que tu pequeño se desarrolle con tus tiernos cuidados, independientemente de cómo lo alimentes.

El biberón es una salvación para las madres y un momento de ternura para los bebés cuando el contacto visual y el físico forman parte del ritual. Afortunadamente, incluso cuando la alimentación con el pecho no va bien, el contacto piel con piel, los mimos compartidos y las interacciones lúdicas mantendrán la producción de oxitocina.

Si solo te llevas una cosa de esta nota, te animo a que te pongas en contacto con especialistas en lactancia, *doulas* o voluntarias de La Liga de la Leche* antes de que llegue tu bebé. Crear un equipo de apoyo te dará la mejor oportunidad de éxito en los primeros meses en que estén juntos.

Quiero que tengas mucho apoyo, porque si sufres de una herida, los beneficios hormonales que vienen con la lactancia son muy importantes para ayudarte a hacer la transición de adulto ocupado a progenitor reconfortante.

Como madre primeriza, necesitas tanto cariño como tu recién nacido. Tanto si das a luz como si adoptas, este es el momento más vulnerable de tu vida después de tu propia infancia. La mejor forma de guiarte es sintonizar con las señales de tu bebé. Pero esto puede ser difícil en un mundo que exige tu atención desde múltiples direcciones.

En lugar de horarios de alimentación programados o consejos de especialista en sueño infantil o matronas, escucha a tu bebé. El pequeño sabe lo que necesita para sentirse seguro. Además, recuerda que lo que funciona para un bebé no tiene por qué funcionar para otro. Algunos bebés son más difíciles de calmar por haber estado

---

* Esta iniciativa en España es conocida como Iniciativa para la Humanización de la Asistencia del Nacimiento y la Lactancia (iHan).

expuestos a la angustia materna en el útero. Los ritmos de lactancia interrumpidos pueden causar problemas tempranos de alimentación que entorpecen la formación del vínculo. La prolactina se vuelve más lenta sin una estimulación adecuada del pezón, lo que disminuye la producción de leche.

Quizá sientas tristeza o vergüenza si la lactancia resulta difícil o cuando el bebé llora. Si estás estresada, es posible que evites levantar a tu bebé en brazos, lo que disminuirá tus niveles de oxitocina. Cuando esto sucede, es fácil quedar atrapada en un ciclo paralizante de ansiedad y depresión. Estos retos son normales. Si no produces suficiente leche para tu bebé, es probable que necesites más apoyo y orientación. Quizá se deba a que nadie te ha dicho que amamantar a un bebé es un trabajo a tiempo completo, o que estar cerca de tu bebé por la noche aumenta tu producción de leche para las horas del día en las que quizá te ausentes.

Romper el círculo de la herida por falta de amor materno

Puede que la realidad de la maternidad te desoriente o te sorprenda. La pérdida de libertad, la ausencia de control y la enorme responsabilidad pueden resultar abrumadoras. Llevar la carga de tu herida hace más complicados de afrontar estos sentimientos. La mezcla de pura alegría y terror puede desencadenar una crisis emocional. Amar a tu bebé despierta la verdad sepultada dentro de tu corazón y toca tu propia privación y angustia.

Puede que manejar la intensidad de estas emociones resulte demasiado sin el apoyo de tu propia madre. Espero que, cuando esto ocurra, tengas un entorno seguro y personas cercanas que te ayuden reconfortándote y protegiéndote.

Me alegro de que estés aquí aprendiendo sobre los designios de la naturaleza y lo importante que es para ti tener el cuidado, la protección y la orientación que tu hijo también necesita.

Con conocimiento, ternura y preparación, puedes *maternarte* a ti misma mientras cuidas a tu bebé. De hecho, quizá convertirte en madre te ha proporcionado por primera vez la ocasión de cuidarte a ti misma, porque ahora alguien depende de ti y cuidarte también es lo mejor para tu hijo. Mientras te cuidas alimentándote bien, durmiendo lo que necesitas y conectándote con otras mujeres, interrumpes la transmisión intergeneracional de tu herida. En cualquier estadio de la maternidad, sanar es un regalo para tu hijo y para el mundo.

CONCLUSIÓN

El estrés nos vuelve irritables. Se nos tensa la cara, no sonreímos y nuestra voz suena áspera y nerviosa. Termino este manuscrito en medio de la pandemia del COVID-19 y no puedo dejar de pensar en las madres y los niños vulnerables, porque sé que el estrés es, sencillamente, demasiado para ellos.

Creo que hubiera sido imposible escribir este libro si ahora mismo tuviera hijos pequeños a los que cuidar. Me exigía que encontrara el lenguaje adecuado para explicar cómo sucede el desamor inicial, que encontrara descripciones de las distintas formas en que las madres les fallan a sus pequeños: madres cariñosas, madres buenas y madres dedicadas; madres que querían tener hijos, que se sentían preparadas y que lo hicieron lo mejor que pudieron; madres como yo, que eran incapaces de ofrecer lo que simplemente no tenían.

Además de vivir esta pandemia, escribir sobre la herida producida por la falta de amor materno es una de las cosas más difíciles que he hecho nunca. Incluso si estuviera escribiendo un libro de cocina me habría costado. Escribir es difícil. Por suerte, en las etapas preliminares de preparación, encontré el libro *Eleanor Oliphant está perfectamente* de Gail Honeyman. La lectura de su brillante retrato de una hija desdichada y disociada fue la compañía perfecta para escribir sobre este tema. La protagonista de Honeyman es el ejemplo, ya que sufre la necesidad apremiante de anestesiarse con la fantasía y el yo escindido que surge a partir de un desamor precoz.

Alerta de *spoiler:* Honeyman escribe un personaje ficticio tan real como mis casos clínicos. En la historia, Eleanor Oliphant se inventa una historia de amor con un hombre que nunca ha conocido. Es una de las historias de adicción al amor más fascinantes que yo haya leído. También tiene conversaciones telefónicas semanales con su madre, una mujer cruel y criticona. Podría ser una situación lógica, excepto por el hecho de que su madre está muerta. Las llamadas telefónicas inventadas muestran la manera que tiene una hija de sobrevivir a la tristeza y el trauma insoportables. Oliphant se aísla, sumiéndose en el vodka, y está a punto de perder su hogar, representando la peor pesadilla de cualquier mujer. No habiendo conocido jamás el amor de una madre, Oliphant comparte una verdad poderosa: «la soledad es el nuevo cáncer».

Durante esta pandemia, en que nos cubrimos las caras, ocultándonos las sonrisas unos de otros, no puedo evitar pensar en lo que implicará el aislamiento que estamos experimentando. Hace poco, un fotógrafo que retrata a bebés y niños pequeños me contó que había notado que en los últimos cuatro meses se ha vuelto cada vez más difícil lograr que los bebés sonrían. Su observación me ha hecho pensar en la investigación de Beatrice Beebe y en el impacto a largo plazo para los bebés cuyas miradas se posan en rostros cubiertos con mascarilla. ¿De qué se están privando sus neuronas espejo?

Si bien las mascarillas son desalentadoras, otras historias de bebés y cuidadores que pasan la cuarentena juntos son esperanzadoras. Los pequeños nacidos en 2020 entran en un mundo que mantiene cerca a la madre y otros cuidadores. A diario escucho a los padres señalar los dones que han encontrado compartiendo la cuarentena con sus bebés. Se están turnando para el cuidado de bebés y pequeños, las tareas domésticas y las responsabilidades profesionales. No es una situación exenta de estrés. Nadie es inmune al estrés de la pandemia. Pero para los más pequeños, el beneficio de contar con la proximidad constante de los adultos quizá tenga su recompensa.

De todos modos, la violencia doméstica y la inseguridad económica erosionan los beneficios de la proximidad, y la cantidad abrumadora de familias que viven con temor crónico tiene implicaciones terribles. Los médicos manifiestan su preocupación por niños que se encuentran en situaciones violentas. El estado de California invirtió 42 millones de dólares para proteger a los niños que corren mayor riesgo de abuso y maltrato debido al COVID-19.[1] Quizá la buena noticia sea que el virus está despertando la conciencia de las experiencias infantiles adversas (EIA) y el impacto del estrés tóxico en los niños.[2]

Organizaciones como la Conexión EIA, la fundación Robert Wood Johnson y las EIA 360 de Iowa, por citar algunas, están comprometidas con la investigación y el activismo para apoyar a niños y familias.

En un reciente episodio de CBS Sunday Morning durante la pandemia de COVID-19, me alegró encontrar un bloque entero dedicado a los beneficios de la oxitocina. El informe nos animaba a abrazarnos a nosotros mismos.[3] Y unas semanas más tarde, en el mismo programa, pude ver un reportaje sobre la sonrisa y la imitación.[4] *Scientific American* publicó un artículo de Lydia Denworth, autora de *Friendship*, titulado «The Loneliness of the "Social Distancer" Triggers Brain Cravings Akin to Hunger» (La soledad de la distancia social provoca un deseo intenso por parte del cerebro, parecido al hambre).[5]

Informes educativos como estos disipan la vergüenza asociada a la soledad, porque sabemos que todos la sentimos. La pandemia está sacando a la soledad del armario y exigiendo que prestemos atención a la necesidad que tenemos unos de otros. Mirando hacia el futuro, espero que recordemos esta información.

No sabemos exactamente cómo afectarán el aislamiento social, el cierre de las escuelas y los trastornos económicos causados por la pandemia a nuestra salud mental, pero sabemos que lo harán. Las tasas de divorcio están aumentando. Las madres sufren al tener que hacer malabarismos con las exigencias imposibles y contradictorias del trabajo y el hogar. Nuestro sistema de alarma biológico está sobrecargado por el estrés.

En el mejor de los casos, saldremos más respetuosos por quienes cuidan a los demás y se hacen amigos en un contexto amenazante, porque necesitamos, más que nunca, a personas que mantengan limpia la casa, comida en la despensa y a los miembros de la familia cerca. Por lo general, estas tareas recaen en las mujeres, pero cada tanto los roles de género se deshacen bajo la presión compartida de una pandemia prolongada.

Las parejas y las familias trabajan juntas, porque si todos estuvieran luchando o huyendo, las relaciones simplemente se desmoronarían. Respetar el instinto de cuidar a los demás y hacer amigos tiene implicaciones duraderas para las respuestas humanitarias que nos damos unos a otros.

No hay forma de predecir con exactitud cómo será el mundo cuando este libro llegue a tus manos. ¿Seremos una comunidad más fuerte y compasiva? ¿Tendremos una nueva conciencia de las necesidades de los niños y de las nuestras y un mayor respeto por ellas? ¿Nos ocuparemos más unos de otros gracias a que respondimos cuidando a los demás y haciéndonos amigos? ¿O nos adaptaremos a nuevos niveles de aislamiento utilizando la comida, el alcohol o cualquier cosa que pueda alterar nuestro estado de ánimo?

Me consuela, y quizá también a ti pueda consolarte, el libro de Margaret Renkl, *Late Migrations*. Sus bellas palabras son proféticas cuando dice: «No hay nada que temer. No hay absolutamente nada que temer. Camina fuera en la primavera, y mira: los pájaros te dan la bienvenida con un coro. Las flores vuelven sus rostros hacia el tuyo. Las últimas hojas del año pasado, aún húmedas en las sombras, despiden un olor a madurez y huelen ligeramente a otoño».[6] Su autobiografía se refiere al carácter perdurable de la madre naturaleza, que está aquí a nuestro servicio.

El consuelo para la herida producida por la falta de amor materno se encuentra en la naturaleza. Cuídala y protégela para que ella pueda cuidarte y protegerte a ti. Siembra plantas, ordena tu armario, come alimentos que nutran tu espíritu. Ocúpate de tu dolor y hazte amiga de quienes entienden tu viaje. Y mientras dura el proceso de sanación, descansa cuando estés cansada y atemorizada hasta recordar que «no hay nada que temer».

Recursos para la maternidad

- La Iniciativa Hospital Amigo del Niño (BFHI por sus siglas en inglés) se lanzó en 1991 y tiene como objetivo garantizar que todas las maternidades, ya sean independientes o estén dentro de un hospital, se conviertan en centros de apoyo para la lactancia materna. Su sitio web puede orientarte para que encuentres un centro de apoyo en tu zona.*
- Attachment Parenting International brinda apoyo a los padres con consejos científicos centrados en el apego. Su boletín es muy útil.
- Darcia Narvaez es una investigadora cuyo trabajo se centra en el «bienestar humano a lo largo de la vida» y en «satisfacer las necesidades biológicas de los bebés».[7] Recomiendo su libro *Neurobiology and the Development of Human Morality: Evolution, Culture, and Wisdom* y su blog (evolvednest.org).
- *The Baby Book: Everything You Need to Know About Your Baby from Birth to Age Two* (El libro del bebé: Todo lo que necesitas saber sobre tu bebé desde el nacimiento hasta los dos años), de William y Martha Sears, es una guía excelente de un médico y una enfermera que han criado hijos y ahora tienen nietos.
- *The Attachment Parenting Book: A Commonsense Guide to Understanding and Nurturing Your Baby* (El libro del apego para padres: Una guía sensata para entender y cuidar a tu bebé) es otro recurso excelente de la biblioteca de los Sears sobre la crianza.

---

* Esta iniciativa en España es conocida como Iniciativa para la Humanización de la Asistencia del Nacimiento y la Lactancia (iHan).

- *Nighttime Parenting: How to Get Your Baby and Child to Sleep* (Tu hijo dormirá… y tú también), de William Sears, explica que criar a los hijos de noche es tan importante como criarlos durante el día.
- Raised Good: este blog está repleto de estrategias prácticas para la crianza natural en el mundo moderno y ofrece cursos en línea (https://raisedgood.com).

NOTAS

Introducción

1. Donovan, Lisa (2020), *Our Lady of Perpetual Hunger: A Memoir*, Penguin Press, Nueva York, p. 83.

Capítulo 1

1. Komisar, Erika (2017), *Being There: Why Prioritizing Motherhood in the First Three Years Matters*, TarcherPerigee, Nueva York, p. 6.

2. Axness, Marcy (2012), *Parenting for Peace: Raising the Next Generation of Peace-makers*, Sentient, Boulder, CO, p. 192.

3. Maté, Gabor (2010), *In the Realm of Hungry Ghosts: Close Encounters with Addiction*, North Atlantic Books, Berkeley, p. 436, citado en Axness, *Parenting for Peace*, p. 193.

4. Axness, *Op. cit.*, p. 194.

5. Komisar, *Op. cit.*, p. 36.

6. Levine, Amir y Rachel Heller (2010), *Attached: The New Science of Adult Attachment and How It Can Help You Find—And Keep—Love*, TarcherPerigree, Nueva York.

7. Szalavitz, Maia y Bruce D. Perry (2011), *Born for Love: Why Empathy Is Essential—and Endangered*, William Morrow, Nueva York, p. 20.

8. Dewar, Gwen (2020), «Newborn Cognitive Development: What Do Babies Know, and How Do They Learn?», *Parenting Science*, 2 de

diciembre, <https://www.parentingscience.com/newborn-cognitive-development.html>.

9. Siegel, Daniel J. y Tina Payne Bryson (2012), *The Whole-Brain Child: 12 Revolutionary Strategies to Nurture Your Child's Developing Mind*, Bantam, Nueva York.

10. Black, Maureen M. *et al.* (2017), «Early Childhood Development Coming of Age: Science Through the Life Course», *Lancet* 389, n.º 10064, pp. 77-90.

11. Hambrick, Erin P. *et al.* (2019), «Beyond the ACE Score: Examining Relationships Between Timing of Developmental Adversity, Relational Health and Developmental Outcomes in Children», *Archives of Psychiatric Nursing* 33, n.º 3, pp. 238-247.

12. Schore, Allan (2001), «The American Bowlby: An Interview with Allan Schore», entrevista telefónica realizada por Roz Carroll en marzo.

13. Centers for Disease Control and Prevention (Centros para el control y la prevención de enfermedades) (2020), «Essentials for Childhood: Creating Safe, Stable, Nurturing All Children», 18 de noviembre, <https://www.cdc.gov/violenceprevention/pdf/essentials-for-childhood-framework508.pdf>.

14. Bair-Merritt, Megan H. *et al.* (2020), «A Framework for Thriving: A Comprehensive Approach to Child Health—CHCS Blog», Center for Health Care Strategies (Centro de estrategias para el cuidado de la salud), 13 de octubre, <https://www.chcs.org/a-framework-for-thriving-a-comprehensive-approach-to-child-health>.

15. Komisar, *Op. cit.*, p. 207.

16. Robledo, Jhoanna (2018), «Developmental Milestone: Separation and Independence», BabyCenter, 12 de diciembre, <https://www.babycenter.com/baby/baby-development/developmental-milestone-separation-and-independence_6577>.

17. Harvard University Center on the Developing Child (2020), «ACEs and Toxic Stress: Frequently Asked Questions», 20 de

septiembre, <https://developingchild.harvard.edu/resources/aces-and-toxic-stress-frequently-asked-questions>; Rich, Adrienne (2018), «It Is Hard to Write About My Own Mother: On the Deep Complexity of the Mother-Daughter Relationship», Literary Hub, 24 de agosto, <https://lithub.com/adrienne-rich-it-is-hard-to-write-about-my-own-mother>.

18. Rich, «It is Hard to Write About My Own Mother».

19. *Ibid.*

20. Rich, Adrienne (1986), *Of Woman Born: Motherhood as Experience and Institution*, W. W. Norton, Nueva York, p. 237.

21. Menakem, Resmaa (2017), *My Grandmother's Hands: Racialized Trauma and the Pathway to Mending Our Hearts and Bodies*, Central Recovery Press, Las Vegas, p. 42.

22. Winnicott, Donald Woods (1971), *Playing and Reality*, Tavistock, London.

23. Iacoboni, Marco (2008), «The Mirror Neuron Revolution: Explaining What Makes Humans Social», entrevista a cargo de Jonah Lehrer, *Scientific American*, 1 de julio, <https://www.scientificamerican.com/article/the-mirror-neuron-revolut>.

24. «Why Former U.S. Surgeon General Vivek Murthy Believes Loneliness Is a "Profound" Public Health Issue» (2018), Video en vivo del *Washington Post*, 5:46, 15 de mayo, <https://www.washingtonpost.com/video/postlive/former-surgeon-general-dr-vivek-murthy-people-who-are-lonely-live-shorter-lives/2018/05/15/4632188e-5853-11e8-9889-07bcc1327f4b_video.html>.

Capítulo 2

1. Siegel, Daniel J. (2011), «The Verdict Is In: The Case for Attachment Theory», *Psychotherapy Networker*, marzo-abril, <https://www.psychotherapynetworker.org/magazine/article/343/the-verdict-is-in>.

2. Siegel, Daniel J. (2012), *The Developing Mind: How Relationships and the Brain Interact to Shape Who We Are*, 2.ª ed., Guilford, Nueva York, p. 91.

3. Psychology Hub (2017), «Bowlby's Theory of Maternal Deprivation: Romanian Orphan Studies—Effects of Institutionalization», 16 de marzo, <https://psychologyhub.co.uk/bowlbys-theory-maternal-deprivation-romanian-orphan-studies-effects-of-institutionalisation>.

4. Cherry, Kendra (2020), «Biography of Psychologist John Bowlby: The Founder of Attachment Theory», Verywell Mind, 16 de marzo.

5. Schore, Allan N. (2000), «Attachment and the Regulation of the Right Brain», *Attachment & Human Development* 2, n.º 1, pp. 23-47.

6. Schore, Allan N. (1996), «The Experience-Dependent Maturation of a Regulatory System in the Orbital Prefrontal Cortex and the Origin of Developmental Psychopathology», *Development and Psychopathology* 8, n.º 1, invierno, pp. 59-87.

7. Graf, Peter y Daniel L. Schacter (1987), «Selective Effects of Interference on Implicit and Explicit Memory for New Associations», *Journal of Experimental Psychology: Learning, Memory, and Cognition* 13, n.º 1, pp. 45-53.

8. Schulte, Brigid (2013), «Effects of Child Abuse Can Last a Lifetime: Watch the "Still Face" Experiment to See Why», *Washington Post (blog)*, 16 de septiembre.

9. Schore, «Attachment and the Regulation of the Right Brain».

10. «Mother–Infant Communication: The Research of Dr. Beatrice Beebe Promo» (2016), producido por Karen Dougherty, video de YouTube, 1:03, 23 de junio, <https://www.youtube.com/watch?v=rEMge2FeREw>.

11. Levine y Heller, *Attached*.

12. Brown, Daniel P. y David S. Elliott (2016), *Attachment Disturbances in Adults: Treatment for Comprehensive Repair*, W. W. Norton, Nueva York.

13. Miller, Jean Baker (1988), «Connections, Disconnections, and Violations», *Work in Progress 33*, Stone Center Working Paper Series, Wellesley, MA, p. 5.

14. Peyton, Sarah (2019), «Are You Suffering from Alarmed Aloneness?», *entrevista del pódcast Om Times*, 12 de julio, <http://podcast.omtimes.com/e/sarah-peyton-are-you-suffering-from-alarmed-aloneness>.

Capítulo 3

1. *South Africa Mail & Guardian (2016)*, «Your First 1000 Days Shape the Rest of Your Life», 9 de diciembre, <https://mg.co.za/article/2016-12-09-00-your-first-1000-days-shape-the-rest-of-your-life>.

2. Smith, Dana G. (2019), «Opioid-Dependent Newborns Get New Treatment: Mom Instead of Morphine», California Health Care Foundation, 1 de agosto, <https://www.chcf.org/blog/opioiddependentnewborns-get-new-treatment>.

3. Weber, Ashley M., Tondi M. Harrison y Deborah K. Steward (2018), «Expanding Regulation Theory with Oxytocin: A Psychoneurobiological Model for Infant Development», *Nursing Research* 67, n.º 2, marzo/abril, p. 133.

4. Elsevier (2011), «Maternal Separation Stresses the Baby, Research Finds», *ScienceDaily*, 2 de noviembre, <https://www.sciencedaily.com/releases/2011/11/111102124955.htm>.

5. Santos-Longhurst, Adrienne (2018), «Why Is Oxytocin Known as the "Love Hormone"? And 11 Other FAQs», Healthline Parenthood, 30 de agosto, <https://www.healthline.com/health/love-hormone>.

6. Bergman, Jill (2018), «Skin-to-Skin Contact», La Leche League International, 8 de noviembre, <https://www.llli.org/skin-to-skin-contact>; Darcia Narvaez (2020), «The Tremendous Benefits of Breast Milk: An Evolved Nest Podcast», Kindred Media, 6 de agosto,

<https://www.kindredmedia.org/2020/08/the-tremendous-benefits-of-breastmilk-an-evolved-nest-podcast>.

7. Meaney, Michael J. (2001), «Maternal Care, Gene Expression, and the Transmission of Individual Differences in Stress Reactivity Across Generations», *Annual Review of Neuroscience* 24, n.º 1, p. 1170.

8. Richter, Linda (2004), *The Importance of Caregiver-Child Interactions for the Survival and Healthy Development of Young Children: A Review*, World Health Organization, Geneva, Switzerland, <https://www.who.int/maternal_child_adolescent/documents/924159134X/en>.

9. *Ibid.*

10. Harlow, Harry F., Margaret Kuenne Harlow y Donald R. Meyer (1950), «Learning Motivated by a Manipulation Drive», *Journal of Experimental Psychology* 40, n.º 2, abril, p. 228.

11. Yehuda, Rachel, *et al.* (2000), «Low Cortisol and Risk for PTSD in Adult Offspring of Holocaust Survivors», *American Journal of Psychiatry* 157, n.º 8, agosto, pp. 1252-1259.

12. Lehrner, Amy y Rachel Yehuda (2018), «Cultural Trauma and Epigenetic Inheritance», *Development and Psychopathology* 30, n.º 5, diciembre, pp. 1763-1777.

13. Lipton, Bruce H., «Maternal Emotions and Human Development», Birth Psychology, disponible en el archivo de Internet, <https://web.archive.org/web/20121113215219/https://birthpsychology.com/free-article/maternal-emotions-and-human-development>.

14. Wolynn, Mark (2017), *It Didn't Start with You: How Inherited Family Trauma Shapes Who We Are and How to End the Cycle*, Penguin, Nueva York, p. 25.

15. Shiel, William C. (2018), «Definition of Epigenetics», MedicineNet, 21 de diciembre, https://www.medicinenet.com/epigenetics/definition.htm.

16. «Scientists Discover How Epigenetic Information Could Be Inherited» (2013), Research, University of Cambridge, 25 de enero,

<http://www.cam.ac.uk/research/news/scientists-discover-how-epigenticinformation-could-be-inherited>.

17. Komisar, *Being There*, p. 36.

18. Divecha, Diana (2020), «How Cosleeping Can Help You and Your Baby», *Greater Good Magazine: Science-Based Insights for a Meaningful Life*, 7 de febrero, <https://greatergood.berkeley.edu/article/item/how_cosleeping_can_help_you_and_your_baby>.

19. McKenna, James J. (2020), *Safe Infant Sleep: Expert Answers to Your Cosleeping Questions*, Platypus Media, Washington, D.C.

20. Komisar, *Being There*, p. 101.

21. Sears, William (1999), *Nighttime Parenting: How to Get Your Baby and Child to Sleep*, Plume, Nueva York.

22. McKenna, James J., Helen L. Ball, y Lee T. Gettler (2007), «Mother–Infant Cosleeping, Breastfeeding and Sudden Infant Death Syndrome: What Biological Anthropology Has Discovered About Normal Infant Sleep and Pediatric Sleep Medicine», *American Journal of Physical Anthropology: The Official Publication of the American Association of Physical Anthropologists* 134, n.º S45, pp. 133-161, 135.

23. *Ibid.*, p. 147.

24. «Safe Cosleeping Guidelines» (2020), University of Notre Dame Mother–Baby Behavioral Sleep Laboratory, [consultado el 3 de diciembre], <https://cosleeping.nd.edu/safe-co-sleeping-guidelines>.

25. Komisar, *Being There*, p. 90.

26. Van der Kolk, Bessel (2015), *The Body Keeps the Score: Brain, Mind, and Body in the Healing of Trauma*, Penguin, Nueva York, p. 217.

Capítulo 4

1. Brach, Tara (2017), «Healing Addiction: De-Conditioning the Hungry Ghosts», 29 de marzo, <https://www.tarabrach.com/healingaddiction>.

2. Iannelli, Vincent (2020), «Normal Heart Rate for Children», Verywell Family, 3 de febrero, <https://www.verywellfamily.com/normal-pulserates-for-kids-2634038>.

3. «Why Stress Causes People to Overeat» (2020), Harvard Mental Health Letter, 13 de octubre, <https://www.health.harvard.edu/stayinghealthy/why-stress-causes-people-to-overeat>.

4. Roth, Geneen (1992), *When Food Is Love: Exploring the Relationship Between Eating and Intimacy*, Penguin, Nueva York, p. 19.

5. Denworth, Lydia (2020), «The Loneliness of the "Social Distancer" Triggers Brain Cravings Akin to Hunger», *Scientific American*, 2 de abril, <https://www.scientificamerican.com/article/the-loneliness-of-thesocial-distancer-triggers-brain-cravings-akin-to-hunger>.

6. Sprout, Staci (2020), correo electrónico a la autora, 19 de febrero.

7. Gay, Roxane (2018), *Hunger: A Memoir of (My) Body*, Harper, Nueva York, p. 166.

8. *Ibid.*, p. 231.

9. Katehakis, Alexandra (2016), *Sexual Addiction as Affect Dysregulation: A Neurobiologically Informed Holistic Treatment*, W. W. Norton, Nueva York, p. 57.

10. Roth, *When Food Is Love*, p. 78.

11. Komisar, *Being There*, p. 93.

12. Davis Kasl, Charlotte (1990), *Women, Sex, and Addiction: A Search for Love and Power*, HarperCollins, Nueva York, p. 127.

13. *Ibid.*, p. 281.

14. Sprout, Staci (2020), correo electrónico a la autora, 19 de febrero.

Capítulo 5

1. Wallace, David Foster (2005), «This Is Water», discurso de graduación en Kenyon College, Gambier, Ohio, 21 de mayo, <https://fs.blog/2012/04/david-foster-wallace-this-is-water>.

2. Dayal, Anjali (2018), «We Must Reckon with the Terrible Realities Hidden in Plain Sight», *On Being blog*, 2 de abril, <https://onbeing.org/blog/anjali-dayal-we-must-reckon-with-the-terrible-realities-hidden-inplain-sight>.

3. Reed, Evelyn (1975), *Woman's Evolution: From Matriarchal Clan to Patriarchal Family*, Pathfinder Press, Nueva York, p. 293.

4. Serrallach, Oscar (2020), «Healing the Mother Wound», Goop, consultado el 28 de diciembre, <https://goop.com/wellness/relationships/healingthe-mother-wound>.

5. Mulvey, Laura (1975), «Visual Pleasure and Narrative Cinema», *Screen* 16, n.º 3, otoño, pp. 6-18.

6. Engeln, Renee, (2017), *Beauty Sick: How the Cultural Obsession with Appearance Hurts Girls and Women*, Harper Collins, Nueva York, p. 45.

7. Katz, Jackson (2013), «Violence Against Women—It's a Men's Issue», *TEDxFiDiWomen*, San Francisco, 5 de diciembre, <https://www.ted.com/talks/jackson_katz_violence_against_women_it_s_a_men_s_issue>.

8. Buchwald, Emilie, Pamela Fletcher y Martha Roth, eds. (2005), *Transforming a Rape Culture*, rev. ed., Milkweed Press, Minneapolis, p. xi.

9. Sellgren, Katherine (2016), «Pornography "Desensitising Young People"», *BBC News*, 15 de junio, <https://www.bbc.com/news/education-36527681>.

10. Dines, Gail (2020), «The Porn Crisis», [consultado el 15 de noviembre] <https://www.gaildines.com/the-porn-crisis>.

11. Leavitt, Judith (2012), *The Sexual Alarm System: Women's Unwanted Response to Sexual Intimacy and How to Overcome It*, Jason Aronson, Nueva York, p. 38.

12. *Ibid.*, 10.

13. Taylor, Shelley E. (2012), «Tend and Befriend Theory», *Handbook of Theories of Social Psychology*, vol. 1, ed. Paul A. M. Van Lange, Arie W. Kruglanksi, y E. Tori Higgins, Sage, Thousand Oaks, CA, pp. 32-49.

14. Schachter, Stanley (1959), *The Psychology of Affiliation: Experimental Studies of the Sources of Gregariousness*, Stanford University Press, Redwood City CA, p. 71.

15. Taylor, Shelley E. *et al.* (2000), «Biobehavioral Responses to Stress in Females: Tend-and-Befriend, Not Fight-or-Flight», *Psychological Review* 107, n.º 3, julio, pp. 411-429.

16. Korbel, Marissa (2018), «Sometimes You Make Your Rapist Breakfast: Inside the Controversial—and Often Confusing—"Tending Instinct" of Women», *Harper's Bazaar*, 25 de abril, <https://www.harpersbazaar.com/culture/features/a19158567/what-is-rape>.

Capítulo 6

1. Yehuda, Rachel, Sarah L. Halligan y Robert Grossman (2001), «Childhood Trauma and Risk for PTSD: Relationship to Intergenerational Effects of Trauma, Parental PTSD, and Cortisol Excretion», *Development and Psychopathology* 13, n.º 3, septiembre, pp. 733-753.

2. Meaney, «Maternal Care, Gene Expression, and the Transmission of Individual Differences in Stress Reactivity Across Generations».

3. Schwedel, Heather (2019), «Dirty John Sneakily Made Its Delicious Mean-Girl Daughters the Real Heroes», *Slate*, 14 de enero, <https://slate.com/culture/2019/01/dirty-john-season-1-finale-review-sistersdaughters.html>.

4. Nolasco, Stephanie (2019), «"Dirty John" Victim Recalls Daughter Screaming She Had Killed Con Man», *New York Post*, 11 de enero, <https://nypost.com/2019/01/11/dirty-john-victim-recalls-daughter-screaming-she-had-killed-con-man/>.

5. Porges, Stephen W. (2011), *The Polyvagal Theory: Neurophysiological Foundations of Emotions, Attachment, Communication, and Self-Regulation, Norton Series on Interpersonal Neurobiology*, W. W. Norton, Nueva York.

6. Peyton, Sarah (2017), *Your Resonant Self: Guided Meditations and Exercises to Engage Your Brain's Capacity for Healing*, W. W. Norton, Nueva York, p. 153.

7. Waters, Sara F., Tessa V. West y Wendy Berry Mendes (2014), «Stress Contagion: Physiological Covariation Between Mothers and Infants», *Psychological Science* 25, n.º 4, abril, pp. 934-942.

8. Maté, Gabor (2013), «Love Is Not Enough», producido por KidCare Canada, video de YouTube, 4:10, 1 de junio, <https://www.youtube.com/watch?v=Xy57UpKRNEo>.

9. «Not All Attention Problems are ADHD» (2020), Child Mind Institute, 3 de diciembre, <https://childmind.org/article/not-allattention-problems-are-adhd>.

10. Centers for Disease Control and Prevention (2020), «About the CDC-Kaiser ACE Study» [consultado el 10 de junio], <cdc.gov/violenceprevention/acestudy/about.html>; Felitti, Vincent J. *et al.* (1998), «Relationship of Childhood Abuse and Household Dysfunction to Many of the Leading Causes of Death in Adults: The Adverse Childhood Experiences (ACE) Study», American Journal of Preventive Medicine 14, n.º 4, mayo, pp. 245-258.

11. Partridge, Simon (2019), «The Origins of the Adverse Childhood Experiences Movement and Child Sexual Abuse: A Brief History», *Attachment* 13, n.º 1, junio, pp. 113-116.

12. Timsit, Annabelle (2019), «California's New Surgeon General Changed the Way We Understand Childhood Trauma», *Quartz*, 24 de enero, <https://qz.com/1530399/nadine-burke-harris-californias-first-surgeongeneral-changed-the-way-we-understand-childhood-trauma>.

13. Burke Harris, Nadine (2014), «How Childhood Trauma Affects Health across a Lifetime», TEDMED, San Francisco, septiembre,

<https://www.ted.com/talks/nadine_burke_harris_how_childhood_
trauma_affects_health_across_a_lifetime>.

14. Komisar, *Being There*, p. 89.

15. Gunnar, Megan R. *et al.* (2010), «The Rise in Cortisol in
Family Daycare: Associations with Aspects of Care Quality, Child
Behavior, and Child Sex», *Child Development* 81, n.º 3, mayo/junio,
pp. 851-869.

16. Weerth, Carolina de, Jan K. Buitelaar y Roseriet Beijers (2013),
«Infant Cortisol and Behavioral Habituation to Weekly Maternal
Separations: Links with Maternal Prenatal cortisol and Psychosocial
Stress», *Psychoneuroendocrinology* 38, n.º 12, diciembre, pp. 2863-2874.

17. Komisar, *Being There*, p. 138.

18. *Ibid.*, p. 41.

19. Neufeld, Gordon (2018), «Preparing for Motherhood: You're
More Equipped Than You Think», *Tenth Annual Vancouver Neufeld
Conference*, video, abril, <https://www.youtube.com/
watch?v=hz9VWWg1bWY>.

20. Komisar, *Being There*, p. 82.

21. *Ibid.*, p. 198.

22. Damour, Lisa (2020), *Under Pressure: Confronting the Epidemic of
Stress and Anxiety in Girls*, Ballantine Books, Nueva York, p. XVII.

23. «From Aromatherapy to Anger Management: How Schools are
Addressing the "Crisis" of Childhood Trauma» (2019), Child Mind
Institute, 20 de mayo, <https://childmind.org/news/from-
aromatherapyto-anger-management-how-schools-are-addressing-the-
crisis-ofchildhood-trauma>.

24. Post, Robert M. (2007), «Kindling and Sensitization as Models
for Affective Episode Recurrence, Cyclicity, and Tolerance
Phenomena», *Neuroscience & Biobehavioral Reviews* 31, n.º 6, abril,
pp. 858-873.

25. Orenstein, Peggy (2016), «What Young Women Believe About Their Own Sexual Pleasure», charla TED, San Francisco, video, octubre, <https://www.youtube.com/watch?v=a-BrIRTWnFQ>.

26. Orenstein, Peggy (2016), «"Girls and Sex" and the Importance of Talking to Young Women About Pleasure», entrevistada por Terry Gross, *Fresh Air*, 29 de marzo, <https://www.npr.org/sections/health-shots/2016/03/29/472211301/girls-sex-and-the-importance-of-talking-to-young-women-about-pleasure>.

27. Levy, Ariel (2005), *Female Chauvinist Pigs: Women and the Rise of Raunch Culture*, Free Press, Nueva York, p. 162.

28. Ryan, Sloane y Roo Powell (2019), «I'm a 37-Year-Old Mom & I Spent Seven Days Online as an 11-Year-Old Girl. Here's What I Learned», Medium, 13 de diciembre, <https://medium.com/@sloane_ryan/im-a-37-year-old-mom-i-spent-seven-days-online-as-an-11-year-old-girl-here-s-what-i-learned-9825e81c8e7d>.

29. «Social Media Dangers Exposed by Mom Posing as 11-Year-Old» (2020), producido por Bark, video, 20 de febrero, <https://www.youtube.com/watch?v=dbg4hNHsc_8>.

30. Maté, Gabor (2010), *In the Realm of Hungry Ghosts: Close Encounters with Addiction*, North Atlantic Books, Berkeley, CA, p. 272.

31. Schofield, Sally (2018), «The Ins and Outs of Alternate Nostril Breathing», YogaLondon blog, 18 de diciembre, <https://yogalondon.net/monkey/the-ins-and-outs-of-alternate-nostril-breathing>.

Capítulo 7

1. Brodeur, Adrienne (2019), *Wild Game: My Mother, Her Secret, And Me*, Houghton Mifflin Harcourt, Nueva York, p. 14 [hay ed. en cast. (2021), *Mi madre, su amante y yo*, Destino, Barcelona].

2. *Ibid.*, p. 98.

3. *Ibid.*, p. 14.

4. *Ibid.*, p. 98.

5. D'Astice, Teresa y William P. Russell (2019), «Enmeshment in Couples and Families», *Encyclopedia of Couple and Family Therapy*, ed. Lebow, Jay L., Anthony L. Chambers, and Douglas C. Breunlin, Springer International Publishing, Nueva York, <https://doi. org/10.1007/978-3-319-49425-8_1021>.

6. Adams, Kenneth (2011), *Silently Seduced: When Parents Make Their Children Partners*, Health Communications, Inc., Deerfield Beach, FL.

7. DeYoung, Patricia A. (2015), *Understanding and Treating Chronic Shame: A Relational/Neurobiological Approach*, Routledge, Nueva York, p. 95.

8. Brodeur, *Wild Game*, p. 50.

9. *Ibid.*, p. 50.

10. *Ibid.*, p. 97.

11. Korbel, «Sometimes You Make Your Rapist Breakfast».

12. Grossmann, Karin *et al.* (2002), «The Uniqueness of the Child-Father Attachment Relationship: Fathers' Sensitive and Challenging Play as a Pivotal Variable in a 16-Year Longitudinal Study», *Social Development* 11, n.º 3, julio, pp. 301-337.

13. Vinopal, Lauren (2019), «How Fathers of Daughters Can Help Women Make More Money», *Ladders*, 22 de julio, <https://www. theladders.com/career-advice/how-fathers-of-daughters-can-help-women-makemore-money>.

14. Rosen, Wendy B. (1997), «On the Integration of Sexuality: Lesbians and Their Mothers», *Women's Growth in Diversity: More Writings from the Stone Center*, ed. Judith V. Jordan, Guilford Press, Nueva York, pp. 239-259.

15. Northrup, Christiane (1994), *Women's Bodies, Women's Wisdom: Creating Physical and Emotional Health and Healing*, 5ta ed., Bantam, Nueva York, p. 4.

Capítulo 8

1. Jessel, George (1969), citado en Dial Torgerson, «Judy Garland Dies in London at 47; Tragedy Haunted Star», *Los Angeles Times*, 23 de junio, <https://www.latimes.com/local/obituaries/archives/la-me-judy-garland19690623-story.html>.

2. Johnson, Caitlin (2007), «A Film on the French Judy Garland», *CBS Sunday Morning*, 7 de junio, <https://www.cbsnews.com/news/a-film-onthe-french-judy-garland>.

3. Garland, Judy (1967), *Today Show*, entrevista de Barbara Walters, video de YouTube, <https://www.youtube.com/watch?v=NHJujYMvY30>

4. Haynes, Suyin (2019), «The True Story Behind the Movie Judy», *Time*, 26 de septiembre, <https://time.com/5684673/judy-garland-movie-true-story>.

5. Kerr, Alison (2015), «The Lasting Love for Edith Piaf, and Her Last Love», *The Herald*, 20 de noviembre, <https://www.heraldscotland.com/arts_ents/14094390.the-lasting-love-for-edith-piaf-and-her-last-love>.

6. Kettler, Sara (2020), «Inside Judy Garland's Troubled Youth», actualizado el 1 de octubre, <https://www.biography.com/news/judy-garland-facts-bio>.

7. «Edith Piath, French Singer» (2020), Encyclopedia Britannica, actualizado el 20 de diciembre, <https://www.britannica.com/biography/Edith-Piaf>.

8. Edwards, Anne (2013), *Judy Garland: A Biography*, Taylor Trade Publishing, Lanham, MD.

9. Kerr, *op. cit.*

10. Edwards, *op. cit.*

11. Romer, Megan (2018), «The Tragic Death of French Cabaret Sweetheart Edith Piaf», liveaboutdotcom, 7 de junio, <https://www.liveabout.com/how-did-edith-piaf-die-3552707>.

12. Herman, Judith Lewis (1992), «Complex PTSD: A Syndrome in Survivors of Prolonged and Repeated Trauma», *Journal of Traumatic Stress* 5, n.º 3, 3 de julio, p. 380.

13. Racine, Nicole M. *et al.* (2016), «Systematic Review: Predisposing, Precipitating, Perpetuating, and Present Factors Predicting Anticipatory Distress to Painful Medical Procedures in Children», *Journal of Pediatric Psychology* 41, n.º 2, marzo, pp.159-181.

14. Jay, Susan M., Mickey Ozolins, Charles H. Elliott, y Steven Caldwell (1983), «Assessment of Children's Distress During Painful Medical Procedures», *Health Psychology* 2, n.º 2, p. 133.

15. Shu, Jennifer (2018), «The American Academy of Pediatrics on Spanking Children: Don't Do It, Ever», entrevista por Lulu Garcia Navarro, *Weekend Edition*, 11 de noviembre, <https://www.wbur.org/npr/666646403/the-american-academy-of-pediatrics-on-spankingchildren-dont-do-it-ever>.

16. *Ibid.*

17. Brand, Julie (2007), *A Mother's Touch: Surviving Mother–Daughter Sexual Abuse*, Trafford, Bloomington, IN, p. 153.

18. Esta lista está adaptada de «Dynamics of Abuse» (2021), National Coalition Against Domestic Violence, consultado el 5 de enero, <https://ncadv.org/dynamics-of-abuse>.

19. Center on the Developing Child at Harvard University (2020), «In Brief: The Impact of Early Adversity on Children's Development» consultado el 5 de septiembre, <https://developingchild.harvard.edu/resources/inbrief-the-impact-of-early-adversity-on-childrensdevelopment>.

20. «Dynamics of Abuse», National Coalition Against Domestic Violence.

21. Beebe, Beatrice y Frank Lachmann (2014), *The Origins of Attachment: Infant Research and Adult Treatment*, Relational Perspectives Book Series, Routledge, Nueva York.

22. Dutton, Donald y Susan L. Painter (1981), «Traumatic Bonding: The Development of Emotional Attachments in Battered Women and Other Relationships of Intermittent Abuse», *Victimology: An International Journal* 6, n.º 4, pp. 139-155.

23. «The Strange Situation-Mary Ainsworth», video de YouTube, <https://www.youtube.com/watch?v=QTsewNrHUHU>.

24. Schuengel, Carlo *et al.* (1999), «Frightening Maternal Behavior Linking Unresolved Loss and Disorganized Infant Attachment», *Journal of Consulting and Clinical Psychology* 67, n.º 1, marzo, pp. 54-63, <https://doi.org/10.1037/0022-006x.67.1.54>.

25. Korbel, «Sometimes You Make Your Rapist Breakfast».

26. Ogden, Pat, Kekuni Minton y Claire Pain (2006), *Trauma and the Body: A Sensorimotor Approach to Psychotherapy*, Norton Series on Interpersonal Neurobiology, W. W. Norton, Nueva York, p. 10.

27. Platt, Melissa G. y Jennifer J. Freyd (2015), «Betray My Trust, Shame on Me: Shame, Dissociation, Fear, and Betrayal Trauma», *Psychological Trauma: Theory, Research, Practice, and Policy* 7, n.º 4, enero, pp. 398-404.

28. Bovin, Michelle J. *et al.* (2008), «Tonic Immobility Mediates the Influence of Peritraumatic Fear and Perceived Inescapability on Posttraumatic Stress Symptom Severity Among Sexual Assault Survivors», *Journal of Traumatic Stress: Official Publication of The International Society for Traumatic Stress Studies* 21, n.º 4, agosto, pp. 402-409.

29. Freyd, Jennifer y Pamela Birrell (2013), *Blind to Betrayal: Why We Fool Ourselves We Aren't Being Fooled*, Wiley & Sons, Hoboken, NJ, p. 56.

30. *Ibid.*, 95.

31. Van der Kolk, *The Body Keeps the Score*, p. 133.

32. Porges, Stephen W. (2009), «The Polyvagal Theory: New Insights into Adaptive Reactions of the Autonomic Nervous System», *Cleveland Clinic Journal of Medicine* 76, n.º 4, febrero, S86.

33. Gholipour, Bahar (2013), «Strange Case of "Hyper Empathy" after Brain Surgery», *LiveScience*, 11 de septiembre, <https://www.livescience.com/39560-hyper-empathy-case-report.html>.

34. Gazzaniga, Michael *et al.* (2008), *Cognitive Neuroscience: The Biology of the Mind*, 3a. ed, W. W. Norton & Company, Nueva York.

35. DeYoung, *Understanding and Treating Chronic Shame*, p. 35.

36. Ogden, Minton y Pain, *Trauma and the Body*.

Capítulo 9

1. Bowlby, John (1990), *A Secure Base: Parent–Child Attachment and Healthy Human Development*, Basic Books, Nueva York, p. 140.

2. Peyton, *Your Resonant Self*, p. 37.

3. Hasson-Ohayon, Ilanit *et al.* (2017), «Neuro-cognition and Social Cognition Elements of Social Functioning and Social Quality of Life», *Psychiatry Research* 258, septiembre, pp. 538-543.

4. Doka, Kenneth (1989), *Disenfranchised Grief: Recognizing Hidden Sorrow*, Lexington Books, Washington D.C.

5. Kübler-Ross, Elisabeth y David Kessler (2005), *On Grief and Grieving: Finding the Meaning of Grief Through the Five Stages of Loss*, Scribner, Nueva York.

6. Comunicación personal a la autora (2019), enero.

7. Alexander, Bruce K. (2021), «Rat Park», consultado el 6 de enero, <https://www.brucekalexander.com/articles-speeches/rat-park>.

8. Emporium, Ashevill, «Wonder Woman 78 Years Strong», <http://asheville-emporium.com/wonder-woman-78-years-strong>.

9. DeYoung, *Understanding and Treating Chronic Shame*, p. 162.

10. *Ibid.*, p. 87.

Capítulo 10

1. Forward, Susan (2013), *Mothers Who Can't Love: A Healing Guide for Daughters*, Harper Collins, Nueva York, p. 13.

2. Gruber, Kenneth J., Susan H. Cupio y Christina F. Dobson (2013), «Impact of Doulas on Healthy Birth Outcomes», *Journal of Perinatal Education* 22, n.º 1, invierno, pp. 49-58.

Conclusión

1. «Governor Newsom Announces $42 Million to Protect Foster Youth and Families Impacted by COVID-19» (2000), Oficina del gobernador Gavin Newsom, 13 de abril, <https://www.gov. ca.gov/2020/04/13/governor-newsom-announces-42-million-to-protect-foster-youthand-families-impacted-by-covid-19>.

2. Roubinov, Danielle, Nicole R. Bush y Thomas W. Boyce (2020), «How a Pandemic Could Advance the Science of Early Adversity», *JAMA Pediatrics* 174, n.º 12, julio, pp. 1131-1132.

3. «The Medical Value of Hugs» (2020), CBS News, 2 de agosto, <https://www.cbsnews.com/news/the-medical-value-of-hugs>.

4. Alexrod, Jim (2020), «The Smile Behind the Mask», CBS News, 6 de septiembre, <https://www.cbsnews.com/news/the-smile-behind-the-mask>.

5. Denworth, «The Loneliness of the "Social Distancer" Triggers Brain Cravings Akin to Hunger», <https://www.scientificamerican.com/article/the-loneliness-of-the-social-distancer-triggers-brain-cravingsakin-to-hunger>.

6. Renkl, Margaret (2019), *Late Migrations: A Natural History of Love and Loss*, Milkweed, Minneapolis, p. 218.

7. «Meet Darcia» (2021), Evolved Nest, consultado el 8 de enero, <https://evolvednest.org/about>.